O CRIME DE TERRORISMO

Reflexões críticas e comentários à Lei de Terrorismo

— de acordo com a Lei nº 13.260/2016 —

Conselho Editorial
André Luís Callegari
Carlos Alberto Molinaro
César Landa Arroyo
Daniel Francisco Mitidiero
Darci Guimarães Ribeiro
Draiton Gonzaga de Souza
Elaine Harzheim Macedo
Eugênio Facchini Neto
Giovani Agostini Saavedra
Ingo Wolfgang Sarlet
José Antonio Montilla Martos
Jose Luiz Bolzan de Morais
José Maria Porras Ramirez
José Maria Rosa Tesheiner
Leandro Paulsen
Lenio Luiz Streck
Miguel Àngel Presno Linera
Paulo Antônio Caliendo Velloso da Silveira
Paulo Mota Pinto

Dados Internacionais de Catalogação na Publicação (CIP)

C929   O crime de terrorismo : reflexões críticas e comentários à Lei de Terrorismo : de acordo com a Lei nº 13.260/2016 / André Luís Callegari ... [et al.]. – Porto Alegre : Livraria do Advogado Editora, 2016.
132 p. ; 23 cm.
Inclui bibliografia e anexo.
ISBN 978-85-69538-34-9

1. Terrorismo. 2. Direito penal. 3. Terrorismo - Legislação. 4. Brasil. Lei nº 13.260/2016. I. Callegari, André Luís.

CDU 343.341(094)
CDD 345.02317

Índice para catálogo sistemático:
1. Terrorismo : Legislação   343.341(094)

(Bibliotecária responsável: Sabrina Leal Araujo – CRB 10/1507)

**André Luís Callegari
Cláudio Rogério Sousa Lira
Elisangela Melo Reghelin
Manuel Cancio Meliá
Raul Marques Linhares**

O CRIME DE TERRORISMO

Reflexões críticas e comentários à Lei de Terrorismo

— de acordo com a Lei nº 13.260/2016 —

Porto Alegre, 2016

©
André Luís Callegari
Cláudio Rogério Sousa Lira
Elisangela Melo Reghelin
Manuel Cancio Meliá
Raul Marques Linhares
2016

Capa, projeto gráfico e diagramação
Livraria do Advogado Editora

Revisão
Rosane Marques Borba

Direitos desta edição reservados por
Livraria do Advogado Editora Ltda.
Rua Riachuelo, 1300
90010-273 Porto Alegre RS
Fone: 0800-51-7522
editora@livrariadoadvogado.com.br
www.doadvogado.com.br

Impresso no Brasil / Printed in Brazil

Sumário

Introdução..7

1. A cultura e o terrorismo..11
   1.1. O papel da cultura como alicerce civilizatório..........................11
   1.2. A cultura e a barbárie (ou a cultura da barbárie) e o terrorismo..............15
   1.3. Outros argumentos importantes e a dignidade humana como limite dentro da moldura da dogmática penal..............17

2. O terrorismo no Direito Penal contemporâneo..............................23
   2.1. O terrorismo, versão moderna, na legislação contemporânea.....................28
   2.2. Caracterização do terrorismo..32
      2.2.1. Discurso do terror..33
         2.2.1.1. A indiscriminação/aleatoriedade do terrorismo: as vítimas sem rosto..............35
         2.2.1.2. Instrumentalização das vítimas..............37
         2.2.1.3. A possibilidade de reiteração de atos..............38
      2.2.2. A qualidade organizacional..39
      2.2.3. A finalidade política..45
      2.2.4. O bem jurídico tutelado..48
      2.2.5. Delitos-meios de gravidade..51
      2.2.6. O terrorista: o recrutamento de um determinado perfil..............53

3. Distinções necessárias..57
   3.1. Terrorismo: em busca de um conceito jurídico-penal..............57
   3.2. Distinção entre o terrorismo e a guerra......................................66
   3.3. Tratamento penal do terrorismo *vs.* tratamento beligerante..............67
   3.4. Terrorismo e manifestações sociais..72
   3.5. Terrorismo praticado pelo Estado..73

4. A expansão do Direito Penal e o terrorismo....................................75
   4.1. Um Direito Penal expansivo..75
   4.2. O terrorista como inimigo: expansionismo penal?....................83

5. Comentários à Lei nº 13.260, de 16 de março de 2016.....................89
   5.1. Elemento estrutural..91
   5.2. Elemento teleológico..95
   5.3. Causa de exclusão do crime..96

    5.4. Bem jurídico tutelado..97
    5.5. Demais dispositivos da Lei n° 13.260/2016...98
6. El Derecho penal antiterrorista español tras la reforma de 2015......................103
    6.1. Introducción..103
    6.2. El Derecho penal antiterrorista español hasta 2010 y la DM 2002................106
    6.3. La reforma de 2010 y la DM 2008..110
    6.4. La regulación de 2015..114
Conclusão..119
Referências bibliográficas..123
Anexo – Lei n° 13.260, de 16 de março de 2016...129

Introdução

A conceituação do fenômeno terrorista tem se apresentado como uma tarefa tormentosa no cenário mundial, seja em razão da complexidade desse fenômeno, pela possibilidade de sua manifestação de diversas formas em inúmeras partes do mundo, entre outros fatores. Diante dessa dificuldade conceitual, está-se diante da inexistência de uma definição universal de terrorismo (o que, talvez, seja impossível de se alcançar).

A história do terrorismo demonstra que esse fenômeno possui diversas facetas, alternando-se a sua forma de apresentação a depender de fatores culturais em um mesmo período da história, ou se modificando o modelo de terrorismo no decorrer da história em um mesmo local do mundo.

No contexto brasileiro, a problemática a respeito da conceituação do terrorismo não se apresenta simplificada, especialmente pelo fato de que inexiste manifestação (ao menos, manifestação clara) de atos de cunho terrorista no país. Não há, portanto, uma cultura de convívio com atividade terrorista no Brasil, o que torna a discussão ainda mais recente, além de carente de elementos próprios e próximos a permitir um estudo detalhado do tema – o que permitiria, por exemplo, se pensar em um tratamento próprio e adequado ao modelo terrorista nacional.

Em razão disso, pode-se questionar legitimamente a necessidade de uma definição jurídico-penal do terrorismo no Direito brasileiro – conquanto o comprometimento internacional com o combate ao terrorismo. Contudo, considerando-se as diversas proposições legislativas em curso e a recente aprovação da Lei 13.260/2016, objetivando a definição legal do terrorismo, não se pretenderá, aqui, discutir a (des)necessidade da tipificação desse fenômeno. Independentemente da necessidade ou não do tratamento legal do terrorismo no Direito brasileiro, foi esse caminho já adotado pelo Legislativo nacional, motivo pelo qual se tomou, aqui, essa decisão por ponto de partida para, a partir disso, avançar no estudo do tema.

Dessa forma, este trabalho objetiva o desenvolvimento de temas essenciais ao estudo do fenômeno terrorista, com especial destaque aos elementos básicos permissivos de um adequado tratamento jurídico--penal desse fenômeno. Permite-se, com isso, não só uma caracterização suficiente do terrorismo, como também a sua distinção de outras figuras criminais ou de manifestações sociais de caráter diverso.

Assim, com base especialmente na doutrina espanhola, que possui já certo aprofundamento na discussão a respeito do tema, serão abordadas as características essenciais do terrorismo que, necessariamente, devem ser consideradas para a formulação de um conceito desse fenômeno (ao menos, um conceito penal), devendo-se destacar a natureza eminentemente comunicacional do terrorismo e a mensagem típica do ato.

Conhecida a ampla complexidade característica do terrorismo (amplitude de causas, de formas de manifestação, de consequências etc.), será desenvolvida introdução a respeito do viés cultural desse fenômeno, sem pretensão à exaustão do assunto, o que foge aos objetivos que aqui se propõem.

Em um terceiro momento, depois de desenvolvidos os pressupostos básicos para a compreensão acerca do fenômeno terrorista, serão expostas algumas distinções necessárias para que se evitem confusões no tratamento desse fenômeno, como a diferenciação entre terrorismo e guerra, bem como a sua diferenciação com manifestações sociais legítimas.

Depois disso, no quarto momento, considerando-se o destaque mundial reservado à discussão a respeito do combate ao terrorismo, comumente acompanhada da defesa de medidas excepcionais de persecução e punição, será abordada a relação existente entre o combate ao terrorismo e a doutrina do Direito Penal do Inimigo, desenvolvida por Günther Jakobs, em um contexto de expansão do Direito Penal.

Essa doutrina, conquanto aplicada em alguns de seus aspectos (inclusive no Direito Penal brasileiro), pode representar uma afronta ao Estado de Direito, com o desenvolvimento de um Direito Penal excepcional, muitas vezes incorporado ao Direito "regular", em um processo de normalização da exceção.

Contudo, o expansionismo penal é cada vez mais notado no cenário jurídico mundial, tendendo a ser ainda mais marcante em relação a fenômenos criminais de destaque, dos quais o terrorismo é um exemplo privilegiado.

Legislações excepcionais, portanto, são facilmente encontradas nas pesquisas normativas relacionadas com o terrorismo, motivo pelo qual o estudo relacionado desse fenômeno com o Direito Penal do inimigo se faz tão relevante.

No capítulo posterior, são realizados alguns comentários à Lei 13.260/2016, especialmente no que se refere ao tipo penal que estabelece o conceito do crime de terrorismo.

Ao final, é desenvolvida por Manuel Cancio Meliá a análise da reforma legislativa ocorrida na Espanha no ano de 2015, que alterou o tratamento legal do terrorismo, realizando-se, também, uma síntese da legislação sobre o tema existente em momentos anteriores, o que permite uma maior compreensão do caminho que vem sendo adotado pela Espanha no que se refere ao tratamento jurídico-penal do terrorismo, bem como possibilitando uma comparação com os caminhos a serem adotados pelo Brasil.

Deve ser destacado que o presente trabalho apresenta em seu conteúdo os resultados principais do desenvolvimento do projeto de pesquisa intitulado "Um discurso sobre o Direito Penal de exceção: a luta contra o terrorista", com fomento do Conselho Nacional de Desenvolvimento Científico e Tecnológico – CNPq –, aprovado na Chamada Universal 14/2012.

1. A cultura e o terrorismo

1.1. O papel da cultura como alicerce civilizatório

Embora este seja um texto que busque analisar o fenômeno do terrorismo, algumas inserções sociológicas precisam ser tecidas antes que se ingresse, propriamente, na seara dogmática e político-criminal. Isto porque o terrorismo é um fenômeno antigo, porém mais atual do que nunca, cuja leitura somente encontra respaldo se analisada sob um viés transdisciplinar. Não é possível entender o terrorismo sem tais considerações, especialmente considerando-se o enfoque atento da questão cultural, cujas análises, especialmente advindas da escola norte-americana, com os chamados *cultural offenses* ou delitos culturalmente motivados, trazem preciosas contribuições para uma reflexão mais contemporânea e global.

Um grupo cultural é formado por pessoas que comungam de uma cultura comum. O mais difícil é apontar, então, as diferentes culturas, até porque a cultura não é monolítica ou estática, mas sempre algo em movimento, dinâmico. O conceito adotado por Jeroen Van Broeck é amplo e define a cultura como sendo

> "an intersubjectif system of symbols wich offers the human being an orientation toward the others, the material word, him or herself and the non human. This symbolic system has a cognitive as well as an evaluative function. It is handed over from one generation to a next generation and subject to constant transformation. Even when it never achieves complete harmony, there is a certain logic and structure that binds the system together".[1]

Assim, lei e moral são partes integrantes do conceito de cultura. São valores integrantes como símbolos que compõem as funções cognitivas e de desenvolvimento do próprio conceito de cultura. Normas legais e morais funcionam como guias para o entendimento do

---

[1] VAN BROECK, Jeroen. Cultural Defense and Culturally Motivated Crimes (Cultural Offenses). *European Journal of Crime, Criminal Law and Criminal Justice*, vol. 9/1, p.1-32, 2001, p. 8.

comportamento das outras pessoas, conduzindo-as a comportar-se e a julgar-se corretamente o comportamento alheio, mas ressalte-se que *moral and legal norms are only one aspect of this culture*. O problema não é o conceito de cultura e de lei como parte integrante da cultura: o problema ocorre quando se está diante de culturas diversas. Pois se uma cultura não for além do ponto em que a satisfação de uma parte depende da opressão da outra parte, as partes oprimidas desenvolvem uma hostilidade contra a própria cultura, passando a destruí-la, o que apresenta uma perspectiva de existência não duradoura.[2]

Desta maneira, considerar apenas o sistema legal como único elemento a distinguir diferentes culturas não é suficiente. Não é simples delimitar o conceito de uma cultura e diferenciá-lo de outra. São necessários mais elementos do que apenas o fator legal. A migração pode ser um destes elementos, mas tampouco é simples. Quantas gerações uma pessoa necessita em certo lugar para ser considerada "aculturada" ou "civilizada"? Será que ela não poderia, ainda, viver com alguns valores tradicionais de seus ancestrais bem como com certos novos valores recém-adquiridos, de modo "mesclado"? É possível delimitar a cultura individualmente, de modo tão preciso e demarcado? Ainda, mesmo dentro de uma cultura determinada, nem sempre as pessoas pensam e agem da mesma forma. É possível que, conforme seu *status* social, por exemplo, ou ainda conforme sua idade ou gênero, ela possa apresentar diversidades dentro do próprio grupo. Para definir se uma pessoa já está "aculturada" há que se verificar se a mesma foi confrontada com outra cultura, o que nem sempre significa dizer que a cultura original, ainda que minoritária em dado contexto, vá, necessariamente, sucumbir.

A multiculturalidade, hoje tão mais aproximada de nossa realidade dada às características da chamada globalização e da fluidez do nosso tempo acelerado, permite-nos conhecer o mundo além-fronteiras num *click* no *smartphone*, despertando nossa curiosidade e angústia face ao modo como percebemos sempre a nossa própria cultura tão mais superior e adequada para resolver qualquer paradoxo. É possível então existir uma cultura dominante e outra dominada? Caso positivo, como se definem? Seria hipocrisia negar a existência de uma cultura dominante.

Poder escutar a cultura do outro é permitir o desenvolvimento da humanidade, uma vez que se torna possível, se não aceitar, ao

---

[2] FREUD, Sigmund. (1996). *O Futuro de uma ilusão*. Em J. Salomão (Dir. e Trad.). Obras psicológicas completas de Sigmund Freud: edição standard brasileira. (vol. XXI, p. 15-63). Rio de Janeiro: Imago. (Obra original publicada em 1927).

menos conhecer as diferenças. Ao sair do próprio narcisismo, mesmo com as feridas resultantes do desamparo original, respeitar o outro e os seus desejos possibilita uma maior compreensão sobre os destinos que podem ser tomados. Assim, diante do confronto entre culturas diversas, nem sempre a cultura original irá sucumbir, reitera-se. Por vezes e, principalmente, pela necessidade de uma vida mais gregária entre pares que se sentem excluídos da cultura considerada dominante, aqueles valores originais poderão se fortalecer, muito mais do que na comunidade original, como ocorre com comunidades que seriam minoritárias e passam a viver em pequenos núcleos em outros países, reforçando, assim, sentimentos gregários e de origem para poder lidar com as dificuldades impostas pela cultura local e dominante. Verifica-se, então, que não é o tempo que irá definir o processo de aculturação.

A situação socioeconômica também deve ser analisada quando da verificação da aculturação do indivíduo. Mulheres afrodescendentes chegadas à Europa, geralmente muito pobres, e que praticam a circuncisão feminina em suas filhas e sobrinhas, são frequentemente processadas por este motivo. O famoso caso Mapuche, no Chile, envolvendo discussão sobre o enquadramento de atos cometidos por líderes indígenas em suas reivindicações por territórios e interesses grupais, classificados à época como terroristas, por exemplo, foi emblemático. A decisão final proferida pelo Estado chileno, condenatória, foi reformada pela Corte Interamericana de Direitos Humanos, cujos magistrados entenderam, de modo muito resumido aqui, que grande parte da fundamentação jurídica estava lastreada na *"pertenencia étnica y condición de líderes tradicionales"*, na definição da Corte, estereótipos e preconceitos étnicos negativos, os quais apenas exteriorizaram o subjetivismo dos julgadores chilenos, deslegitimando a reivindicação dos direitos territoriais do povo indígena mapuche, qualificando o protesto social de Lonkos e Wekéns como sendo terrorista e confrontando-o com o restante da população. Lonkos são os representantes das comunidades, líderes políticos e espirituais, possuidores de sabedoria ancestral; os Werkéns são mensageiros, espécies de porta-voz que se comunicam com os mapuche e com os não mapuche. Deste modo, concluiu-se, dentre outros tantos pontos importantes, pela condenação do Estado chileno diante de várias violações como ao princípio da legalidade e ao da igualdade e não discriminação, enfim.[3] Com tantas

---

[3] O inteiro teor da Sentença da Corte Interamericana de Direitos Humanos, datada de 29 de maio de 2014, caso Norín Catrimán y otros, pode ser acessado em <http://www.corteidh.or.cr/index.php/es/casos-contenciosos>. Acesso em agosto de 2014.

variáveis, compreende-se a cultura como sendo um processo dinâmico, cuja complexidade fica visível.

Portanto, tanto o analista quanto o julgador precisam analisar o comportamento do sujeito também à luz do sistema que impera na cultura minoritária. Assim, não se trata de um conjunto de normas e valores oriundos de uma determinada cultura, mas sim, de um conjunto de normas e valores diversos e conflitivos com a cultura considerada dominante. Tal motivação cultural não precisa ser consciente, mas deve estar relacionada, como dito, ao *background* cultural do indivíduo. Como exemplos,[4] os Hmong que passaram do Laos à Califórnia, foram processados por caçar e pescar em épocas proibidas, quando na verdade, para eles, a pesca e a caça eram meios de subsistência sem qualquer restrição; do mesmo modo os Hmong admitem o denominado *marriage by capture*, ou seja, sequestrar uma moça para fins de casamento (o que ocorre com o consentimento desta, porém ela deverá resistir no ato do sequestro, provando sua virtude, enquanto o homem, bravamente agindo, deverá mostrar sua virilidade e competência), o que evidentemente, é proibido nos Estados Unidos.

Isto posto, é de se perguntar se qualquer cultura, com seus valores, simbologias e referências, deve ser sempre admitida como legítima ou se cabe fazer algum tipo de corte a título igualmente "civilizatório" e sob qual pretexto este corte poderia ser admitido e legitimado. Veja-se que nem sempre que alguém agir em nome de sua cultura, teremos um caso de *cultural offense*. Na verdade, muitas destas condutas não chegam a agredir a cultura dominante, sendo passíveis, inclusive de absolvição (ou de descriminalização); porém, quando se tratar de fatos relevantes para a cultura dominante, verifica-se, com frequência, a criação de novos tipos incriminadores.

Registre-se que este tipo de análise se dirige somente ao caso concreto, e não como uma forma de condenação a uma cultura ou às suas normas e valores. Ademais, nenhuma conduta concreta pode ser julgada sem consideração de todas as circunstâncias que a rodeiam.

Evidentemente, não é possível considerar que todas as pessoas sejam iguais ou se comportem da mesma forma, mesmo dentro de certo grupo cultural. Porém, este tipo de delito requer uma análise localizada, pormenorizada, sob pena de admitir-se toda e qualquer escusa a título cultural, o que representaria o retorno à barbárie e o

---

[4] VAN BROECK, Jeroen. Cultural Defense and Culturally Motivated Crimes (Cultural Offenses). *European Journal of Crime, Criminal Law and Criminal Justice*, vol. 9/1, pp.1-32, 2001, p. 22.

estímulo à guerra, no dizer de Sigmund Freud.[5] Neste mesmo sentido, Norberto Bobbio: "O reconhecimento e a proteção dos direitos do homem são a base das constituições democráticas, e, ao mesmo tempo, a paz é o pressuposto necessário para a proteção efetiva dos direitos do homem em cada Estado e no sistema internacional".[6]

Então, deve-se comparar tal *background* com as regras do sistema cultural e legal dominante a fim de verificar-se a existência de um possível *gap* que justifique ou explique a conduta praticada. É que aquilo que é naturalmente ofensivo para a cultura dominante poderá não ser para quem não compartilha dos mesmos horizontes culturais, por exemplo, para quem admite a poligamia, o incesto, ou mesmo o fundamentalismo islâmico como forma de ato terrorista.

1.2. A cultura e a barbárie (ou a cultura da barbárie) e o terrorismo

Mesmo nesta era de modernidade tardia, graças à velocidade da informação, sabe-se que, neste exato momento, uma mulher é apedrejada em praça pública por adultério, em algum lugar do mundo; na Índia, Conselhos Tribais condenariam esta mulher ao estupro coletivo; no Japão, o suicida, como no caso da senhora Fumiko Kimura (residente nos Estados Unidos), pode matar seus filhos e se matar logo após; aliás, registre-se que ao sobreviver, esta mesma senhora foi processada pela tentativa de homicídio em relação aos filhos, costume aceito na cultura japonesa diante da humilhação de ter sido traída pelo marido, o que levou à desclassificação de assassinato (*murder*) para homicídio (*manslaughter*), considerado menos grave para o Direito Penal; um hindu, conforme suas tradições, jogou serragem e restos de sementes e flores num rio holandês, o que constitui crime de poluição naquele país, porém sua intenção era homenagear um ente querido falecido, conforme sua cultura permite; uma mãe africana matou o filho que nasceu albino; quinze membros do vilarejo de Haryana, norte da Índia, foram acusados por homicídio por terem executado um casal de jovens, os quais não queriam terminar o relacionamento amoroso. A família do jovem havia autorizado, inclusive, a execução.[7] Exem-

---

[5] FREUD, Sigmund. (1974). *Por que a guerra?* (J. Salomão, Trad.), edição Standard Brasileira das Obras Psicológicas Completas (vol. XXII). Rio de Janeiro: Imago. (Original publicado em 1932).

[6] BOBBIO, Norberto. *A era dos direitos*. Rio de Janeiro: Elsevier, 2004, p. 203.

[7] Ilustrativamente, vejam-se as seguintes notícias, em *sites* de informação: <http://g1.globo.com/mundo/siria/noticia/2014/10/mulher-siria-acusada-de-adulterio-e-apedrejada-por-seu-pai-e-jihadistas.html>; <http://epoca.globo.com/tempo/noticia/2014/01/conselho-tribal-na-

plos como estes, afora os temas da circuncisão feminina, da queima de bruxas ainda hoje, do assassinato em nome da honra, e de tantos outros casos, vêm desafiando o Direito Penal, já que a cultura se mostra, cada vez mais, como um fator a ser analisado de modo diverso daquele tradicionalmente percebido. E o terrorismo, especialmente aquele de derivação extremista "religiosa", é especial exemplo disso.

Deste modo, o Direito Penal não pode prescindir de algumas análises na órbita cultural e criminológica, uma vez que se preocupa em contribuir com uma convivência socialmente adequada. Desse modo, o Direito, por meio da lei, determina os limites para o convívio organizado, visando a proteger o indivíduo de seus próprios impulsos agressivos. A partir disso, o presente texto propõe uma reflexão acerca de como o Direito Penal pode tentar lidar, ao menos em linhas gerais, com tais questões de grande complexidade, mormente o terrorismo.

Em carta a Albert Einstein, Sigmund Freud[8] referiu que *"tudo que estimula o crescimento da civilização trabalha contra a guerra"*. Ele se ocupou de explicar que o homem não somente é dotado de instintos de vida, e, portanto, de preservação (Eros), mas também de instintos agressivos e/ou de destruição, que, por sua vez, precisam conviver em equilíbrio, uma vez que um sustenta o outro. Nesse sentido, nunca será possível eliminar os impulsos agressivos do ser humano, afinal estes também agem a favor da criatividade e da vida, e é a sublimação do instinto que torna possível o desenvolvimento cultural, tão importante na vida civilizada.[9] Ainda, um dos fatores que perturba o relacionamento com o outro é o fato de haver uma inclinação para a agressão: essa hostilidade é uma ameaça à desintegração, já que as paixões instintivas são mais fortes que os interesses. Portanto, esse pode ser um dos parâmetros mais imprescindíveis para balizarmos até onde a cultura pode ir: agir de tal forma para que sejam evitadas as guerras, afinal, elas são a extinção de um povo mediante o aval de um discurso.

A civilização é responsável por se proteger dos impulsos hostis dos homens, porém, o sujeito é dotado de desejos inconscientes

---

india-bpune-jovem-com-estupro-coletivob.html>; <http://articles.chicagotribune.com/1985-06-10/features/8502060678_1_first-degree-murder-suicide-fumiko-kimura/3>; Acessados em 12 set 2015.

[8] FREUD, Sigmund. (1996). *Por que a guerra?* Em J. Salomão (Dir. e Trad.), Obras psicológicas completas de Sigmund Freud: edição standard brasileira. (vol. XXII, p. 197-208). Rio de Janeiro: Imago. (Obra original publicada em 1932).

[9] FREUD, Sigmund. (1996). *O Mal Estar na Civilização*. Em J. Salomão (Dir. e Trad.), Obras psicológicas completas de Sigmund Freud: edição standard brasileira. (vol.XXI, p. 67-153). Rio de Janeiro: Imago. (Obra original publicada em 1930).

e, quando está no coletivo, precisa conviver com o desejo do grupo para assim poder manter a ordem civilizada. Negar-se a encontrar essa conciliação é autorizar que o ser humano volte ao seu mundo primevo. Assim, para reconhecer uma vida civilizada, é preciso aceitar o interdito, a lei, pois a civilização necessita de limites para os instintos agressivos a fim de manter suas manifestações sob controle. Quem sabe daí derive o mandamento "*Amarás ao próximo como a ti mesmo*, ou seja, não ir fortemente contra a natureza original do homem", recorda Sigmund Freud.[10] E a civilização está inerentemente relacionada à questão cultural, sem a qual, a racionalidade humana cede espaço à pura e simples barbárie. Por isto mesmo, a figura do poder do Estado como representação da lei, da paz e da ordem social é desafiada pelo terrorismo como forma de demonstração simbólica de uma tentativa de ruptura severa e permanente, como será demonstrado. E por isto mesmo, um verdadeiro Estado Democrático de Direito que não admita o terrorismo, tampouco pode agir da mesma forma, pois como menciona Manuel Cancio Meliá:[11] "O Estado não deve perder os nervos frente aos delitos terroristas", e também: "O Direito Penal do inimigo ocorre quando o ordenamento jurídico entra em uma situação de pânico". No mesmo sentido, refere Norberto Bobbio que a democracia depende de direitos do homem efetivamente protegidos, sendo a própria democracia a condição de possibilidade para o alcance de capacidades mínimas de solução pacífica de conflitos entre pessoas, grupos e Estados.[12]

Neste diapasão, imprescindível considerar, ainda, o papel que a dignidade humana desempenha neste cenário argumentativo, porém com viés bastante pragmático.

1.3. Outros argumentos importantes e a dignidade humana como limite dentro da moldura da dogmática penal

Assim, para que haja uma *cultural offense*, é necessário avaliar as condições culturais do agente, sua conduta e sua inserção cultural:

---

[10] FREUD, Sigmund. (1996). *O Mal Estar na Civilização*. Em J. Salomão (Dir. e Trad.), *Obras* psicológicas completas de Sigmund Freud: edição standard brasileira. (vol. XXI, p.67-153). Rio de Janeiro: Imago. (Obra original publicada em 1930).

[11] CANCIO MELIÁ, Manuel. Derecho Penal del enemigo y delitos de terrorismo. Algunas consideraciones sobre la regulación de las infracciones en materia de terrorismo en el Código Penal Español después de la LO 7/2000. *Jueces para la Democracia*, n. 44, julho, p. 26, 2002.

[12] BOBBIO, Norberto. *A era dos direitos*. Rio de Janeiro: Elsevier, 2004, p. 203.

"Behavior has to be placed in its context of causes and reactions. One can only then decide whether or not that a person has acted according to his cultural values or if he has possibly over-reacted. This is fundamental for judging to what extent an Offense is motivated or caused by the offender's cultural background and to what extent the defendant is, objectively, justified to use his cultural background in his defense. This makes for a more or less objective measurement: the act, labelled Offense, must have been committed according to the cultural norms of the defendant".[13]

Enquanto o crime, em geral, pode estar motivado por razões econômicas ou sociais, por exemplo, o *criminal offense* estará diretamente relacionado ao *background* cultural do sujeito no sentido de ele estar vinculado a um conjunto de valores e normas morais diversos daquele considerado como preponderante pelo sistema legal em vigor. Assim, não se trata de um conjunto de normas e valores oriundos de uma determinada cultura, mas sim, de um conjunto de normas e valores diversos e conflitivos (*clash*) com a cultura considerada dominante. Tal motivação cultural não precisa ser consciente, mas deve estar relacionada ao *background* cultural do indivíduo.

Diante de situações especiais e complexas, onde patrimônios culturais se diferenciam e proporcionam a tese do delito culturalmente motivado, existem conhecidamente, na área jurídica, duas grandes possibilidades extremas: a consideração da cultura como fator preponderante, sempre, para exculpar o autor do fato diante da antinomia fator cultural e norma penalmente relevante e, ainda, a tese da completa negação desta possibilidade em nome da finalidade preventivo-geral das penas, da tutela insuficiente de possíveis vítimas de tradições pseudoculturas gravemente lesivas de direitos, embora uma repressão às cegas fosse também discriminatória e injusta. Como já afirmado, o tema é complexo. Veja-se que o fator cultural dificilmente compõe a própria tipicidade do delito: são raros os crimes que contêm o elemento cultural em sua própria redação, como o caso da proibição da *burka* em certos países. O exercício regular de um direito é tese que nem sempre costuma vingar.

Interessante mencionar que à luz do conceito analítico de crime (tipicidade, ilicitude e culpabilidade), o fator cultural precisa ser analisado. Não nos deteremos no campo da ilicitude, posto que neste, dificilmente, o fator cultural incidiria: seria bastante complicado afirmar-se que existe um direito à perpetuação da cultura como bem jurí-

---

[13] VAN BROECK, Jeroen. Cultural Defense and Culturally Motivated Crimes (Cultural Offenses). *European Journal of Crime, Criminal Law and Criminal Justice*, vol. 9/1, p. 1-32, 2001, p. 17.

dico maior diante de outros, que igualmente merecem proteção, como a vida e a saúde de vítimas vulneráveis como mulheres e crianças, por exemplo.

Assim, para o campo da tipicidade interessa a hipótese em que ambas as culturas em xeque consideram, por exemplo, que a violência sexual é proibida. No entanto, o indivíduo analisado poderá considerar que, no seu caso, a conduta praticada não encaixa no conceito de violência sexual, por entender que não há conotação sexual no seu ato. Também assim quando, por exemplo, maus-tratos são proibidos na cultura dominante e na minoritária, porém o indivíduo entende que no caso concreto não tenha havido maus-tratos e sim, meios de correção e disciplina adequados, embora saiba da proibição de maus-tratos por ambos os sistemas legais. O caso, então, não versa sobre *ignorantia legis*, mas no chamado erro quanto ao tipo penal: o autor não quer realizar a conduta (que sabe) proibida, mas considera que realiza um ato diverso daquele proibido, face a um erro sobre o elemento normativo culturalmente motivado.

No tocante à culpabilidade, o professor argentino Eugenio Raúl Zaffaroni,[14] por exemplo, já se declarou favorável à construção de conceitos doutrinários que resolvam o tema da inculpabilidade do indivíduo que, por razão cultural, não seja motivável para conformar sua conduta, nos termos das normas jurídicas ou culturais dominantes.

Evidentemente, o desconhecimento da lei não justifica seu descumprimento. Porém, o erro que incide sobre a proibição da conduta poderá, sim, ser considerado, como pode acontecer quando se analisa o grau de diversidade que existe entre a cultura de origem e a do país de acolhida de um indivíduo. Não basta analisar o tempo de permanência na nova cultura, como já afirmado, mas todas as circunstâncias que rodeiam o caso. Ademais, aquilo que é naturalmente ofensivo para a cultura dominante poderá não ser para quem não compartilha dos mesmos horizontes culturais, por exemplo, para quem admite a poligamia ou, até mesmo, o incesto. Se o autor não for motivável pela norma em apreço, não será culpável.

Também pode ocorrer de o indivíduo conhecer perfeitamente a proibição e saber que sua conduta preenche o conceito daquilo que é proibido. No entanto, realiza o comportamento porque sua capacidade de orientação à sua regra cultural é superior àquela que possui

---

[14] ZAFFARONI, Eugenio Raúl. *Sistemas penales y derechos humanos en America Latina*: documento final del programa de investigación (informe final). Buenos Aires: Ediciones Depalma, 1986, p. 58.

a força da norma penal para ele. É o caso do Código Penal Peruano, quando refere, no artigo 15:

"El que por su cultura o costumbres comete un hecho punible sin poder comprender el carácter delictuoso de su acto o de determinarse de acuerdo a esa comprensión, será eximido de responsabilidad. Cuando por igual razón, esa posibilidade se halla disminuida, se atenuará las pena."

Neste caso, existe um "impulso motivacional" em sentido contrário à formação de uma vontade culpável, o que pode conduzir à tese da inexigibilidade de outra conduta, já que haveria um conflito de deveres (obediência às normas penais ou à cultura), como ocorre nos delitos culturalmente motivados. Deste modo, um indivíduo preparado para dar sua vida em nome de algo que acredita (como um "homem-bomba" que se autoimola em nome da fé que professa), provavelmente não alterará seus valores, crenças e atitudes simplesmente porque passa a residir em outra cultura que não admita tal tipo de comportamento.

Entretanto, a fim de que não haja uma permissividade ampla e irrestrita neste raciocínio, o qual geraria grave prejuízo à segurança jurídica, reportamo-nos à graduação necessária que deve ocorrer neste tipo de situação, denominada pelos norte-americanos como *cultural defenses*.

Cabe ainda ressaltar que o argumento de que certas pessoas são inferiores culturalmente, ou que por isso mesmo, deveriam ser "curadas" face ao seu subdesenvolvimento cultural é argumento já há muito superado. Evidentemente, se a pessoa apresentar problemas mentais graves que a tenham incapacitado quanto ao conhecimento potencial da ilicitude da sua conduta, que tenham interferido gravemente na sua autodeterminação ou entendimento, ou ainda que tenha idade inferior a 18 anos (sistema brasileiro atual quando da edição deste trabalho), será considerada inimputável, mas não pelo fator cultural. É o que os norte-americanos costumam chamar de *temporary insanity defense*, a exemplo de situações muito graves quando uma "cegueira temporária" gera uma reação emotiva amplificada, comumente envolvendo situações de ciúme, adultério, honra. J. Castello chega a referir que ao atacar sistematicamente o equilíbrio cultural de um povo, você retira dos indivíduos seu único dispositivo de proteção para enfrentar a desordem e o vazio, sendo, portanto, um ato suicida.[15]

---

[15] CASTELLO, J. Prefácio. Em: Costa, Jurandir Freire. *A ética e o espelho da cultura*. Rio de Janeiro: Rocco, 1994, p.10.

Diversamente entende Jakobs,[16] para quem certos delitos criminalmente motivados nascem a partir de uma socialização deficiente que pode ocorrer, inclusive, com estrangeiros ainda não habituados à cultura dominante, gerando inimputabilidade ou semi-imputabilidade ao não plasmarem uma identidade a essas pessoas.

Entretanto, o que passamos a referir a partir de agora é que, mesmo neste sentido dramático ora exposto, algum caso merecerá a intervenção penal, pois mesmo com todas as diferenças e padrões culturais existentes, toda e qualquer sociedade possui alguma definição do que seja "dignidade humana". Sendo assim, não é possível admitir qualquer versão cultural como escusa para o desrespeito à dignidade humana, mormente nos casos de delitos terroristas, ainda que motivados culturalmente (religião, política, enfim). Acima das normas A, B ou C, do ponto de vista do Direito Penal moderno há que se respeitar princípios constitucionais e tratados internacionais, fundamentalmente no que dizem respeito à importância de centralizar todo e qualquer debate em torno da dignidade humana. Sem isto, não há possibilidade de qualquer justificativa, já que o cumprimento estrito da lei e de um ordenamento jurídico, por si só, não representam o cuidado requerido pelas garantias fundamentais. Por isto, refere Lenio Streck a necessidade de se defender não qualquer normatividade (ou qualquer Constituição), mas uma principiologia constitucional, garantidora da democracia.[17]

Ademais, é o indivíduo que cria e recria o universo de valores que o permite viver em comunidade e que o faz assumir compromissos. Passemos, então, às considerações resultantes da análise do terrorismo como fenômeno de violência interpessoal, das vítimas eleitas ao perfil do recrutado.

---

[16] JAKOBS, Günther. *Schuld un Prävention*, apud GRANDI, Ciro. Cultura y culpabilidad frente a las neurociencias. In: DEMETRIO CRESPO, Eduardo (diretor); MAROTO CALATAYUD, Manuel. *Neurociencias y Derecho Penal*: Nuevas perspectivas em el âmbito de La culpabilidad y tratamiento jurídico-penal de La peligrosidad. Madrid: Edisofer, 2013, p. 299-325, p. 310.

[17] STRECK, Lenio. *Hermenêutica Jurídica e(m) crise:* uma exploração hermenêutica da construção do Direito. Porto Alegre: Livraria do Advogado, 2014, p. 398.

2. O terrorismo no Direito Penal contemporâneo

A origem palavra *terrorismo* remonta à Revolução Francesa, com o período do terror instaurado pelo partido jacobino, liderado por Robespierre. Por isso, o termo, inicialmente, designava a forma de política praticada pelo Estado, que se utilizava do terror.[18]

O signo *terrorismo* tem recebido conotações diversificadas no transcorrer da história e de lugar para lugar, salientando-se que esse signo permite, por sua imprecisão, uma utilização oportunista e interessada, especialmente pela sua forte carga emotiva e política.[19]

Conquanto já acompanhasse a humanidade no decorrer da história, na sociedade atual, o terrorismo foi alçado ao centro das atenções. Tanto é que, quando da abordagem a respeito da denominada "síndrome do Titanic",[20] Zygmunt Bauman reserva posição privilegiada para o novo "*iceberg* terrorista".[21] Em uma sociedade imersa na convivência diária com riscos de todas as espécies, vivenciamos um constante estado de alerta em decorrência de ameaças que surgem de todas as partes, e o terrorismo aparece como a mais nova forma de disseminação do medo: uma ameaça nova, invisível, incompreendida e, à primeira vista, incontrolável.

Devido à fluidez do fenômeno terrorista, capaz de adotar diversas formas de aparição (um dos motivos pelos quais inexiste um conceito universal), muitos atos, das mais diversas naturezas, são classificados

---

[18] LLOBET ANGLÍ, Mariona. *Derecho penal del terrorismo*: límites de su punición en un Estado democrático. Madrid: La Ley, 2010. p. 109.

[19] Grupo de Estudios de Política Criminal. *Una alternativa a la actual política criminal sobre terrorismo*. Málaga: Grupo de Estudios de Política Criminal, 2008. v. 9, p. 12.

[20] "Todos nós imaginamos que existe um iceberg esperando por nós, oculto em algum lugar no fundo nebuloso, com o qual nos chocaremos para afundar ouvindo música [...]." (ATTALI, Jacques, 1998 apud BAUMAN, Zygmunt. *Medo líquido*. Tradução de Carlos Alberto Medeiros. Rio de Janeiro: Zahar, 2008. p. 21).

[21] BAUMAN, Zygmunt. *Medo líquido*. Tradução de Carlos Alberto Medeiros. Rio de Janeiro: Zahar, 2008. p. 21.

de maneira precoce como sendo terroristas e, em uma sociedade tomada pelo medo, esses atos cunhados de terroristas são amplamente acolhidos como tal.

Dessa forma, faz-se necessário estabelecer os pressupostos atuais do fenômeno terrorista, para que se possa compreender e identificar essa manifestação nas sociedades atuais. Talvez, mais importante do que se estabelecer o que se deva entender por terrorismo, seja definir o que não deva ser tomado como tal. Sendo, hoje, um dos fenômenos mais graves da humanidade, que mais repercussão cause, que mais estigma resulte nas pessoas tomadas como terroristas, deve-se ter imensa cautela em se afirmar que determinadas pessoas tenham praticado um ato terrorista. As consequências da qualificação "terrorista" são de extrema gravidade e, muitas vezes, irreparáveis.[22]

Esse cuidado se deve ao fato de inexistir, atualmente, um consenso em relação ao conceito de terrorismo, sendo fácil verificar, em seu estudo, a utilização doutrinária, legislativa e judicial de critérios classificatórios diversos. Como fenômeno de alta complexidade que é, a definição precisa do terrorismo se torna uma tarefa árdua, muito em razão da dificuldade de se compreender suas causas, motivações, objetivos, estruturações etc.

Nesse aspecto, determinante se apresenta o estudo desse fenômeno, a possibilitar um mais adequado tratamento penal e, inclusive (e principalmente), extrapenal. Justamente pela complexidade do tema e pelas consequências sociais dos atos terroristas, o tratamento legal apressado e sem consistência teórica tende, muitas vezes, à inutilidade. Nesse sentido, Ana Isabel Pérez Cepeda sentencia, a respeito da legislação mundial sobre terrorismo: "Estas leyes excepcionales contienen un buen número de normas meramente simbólicas, de eficacia sólo aparente. Son más una respuesta política al terrorismo que una racional medida de eficacia penal".[23]

Ademais, considerando a proporção própria do terrorismo, com os efeitos sociais inerentes a esse tipo de ato, o combate ao terrorismo se tornou um desafio à manutenção de postulados fundamentais de um Estado democrático de Direito. Carmen Lamarca Pérez, aliás, refere que a legislação terrorista pode ser tomada como "termômetro" da integridade de um Estado democrático, uma das melhores provas do "estado de saúde" de um Estado democrático, sendo nessa matéria

---

[22] LLOBET ANGLÍ, Mariona. *Derecho penal del terrorismo*: límites de su punición en un Estado democrático. Madrid: La Ley, 2010. p. 52.

[23] PÉREZ CEPEDA, Ana Isabel. *La seguridad como fundamento de la deriva del Derecho penal postmoderno*. Madrid: Editora Iustel, 2007. p. 173.

que o Estado (mesmo o mais democrático) manifesta sua tendência autoritária, violadora das garantias individuais.[24]

Segue referindo que as leis antiterrorismo normalmente possuem a mesma lógica do próprio terrorismo, na medida em que são uma negação do Estado de Direito. Pela tendência a se oferecer respostas estatais de recrudescimento da legislação cada vez que se presenciam atos terroristas, constata-se que, em geral, a resposta adota o mesmo caráter dos atos terroristas: caráter de exceção e de conteúdo antidemocrático.[25]

Sob uma perspectiva sociológica, analisando a lógica do terrorismo (ou uma delas), Zygmunt Bauman aponta uma realidade produzida especialmente por uma luta de poder e de dominação, onde o "nós" reflete um grupo subjugado, e o "eles", um grupo explorador dominante em razão de seu poderio militar (especialmente como alusão à política norte-americana exercida sobre o Oriente Médio):

"[...] se apenas *nós* tivermos o controle total dos combustíveis que alimentam os motores *deles*, a engrenagem vai ter de parar. *Eles* precisarão comer em *nossas* mãos e fazer o jogo de acordo com as regras que *nós* estabelecermos. A estratégia, contudo, diferentemente do cálculo de possibilidades, não é simples nem auto-evidente. Embora *nós* tenhamos meios suficientes para comprar mais e mais armas, todo o dinheiro de propina que financia sua compra não será o bastante para que nos equiparemos ao poder militar *deles*. A alternativa, ainda que seja apenas a segunda melhor opção, é empregar outra arma que *nós* possuímos tanto quanto *eles*, se não mais: nosso potencial de causar prejuízo, o poder de tornar a luta pelo poder algo custoso demais para se continuar, algo que não vale a pena ou cuja continuidade é claramente impossível. Considerando-se a gritante vulnerabilidade de seus territórios, seus tipos de sociedades, a capacidade destrutiva de nosso poder de causar prejuízo pode muito bem transcender o potencial reconhecidamente formidável de suas armas de destruição em massa. Afinal, precisa-se de muito menos homens, material e trabalho para paralisar uma cidade como Nova York ou Londres do que para descobrir o esconderijo de um único comandante terrorista em sua caverna

---

[24] LAMARCA PÉREZ, Carmen. Noción de terrorismo y clases. Evolución legislativa y político--criminal. In: JUANATEY DORADO, Carmen (Dir.). *El nuevo panorama del terrorismo en España*: perspectiva penal, penitenciaria y social. Alicante: Pubicaciones Universidad de Alicante, 2013. cap. 3, p. 39.

[25] Ibidem.

nas montanhas ou expulsar seus subalternos de sótãos e porões em favelas urbanas...".[26] [27]

Nesse contexto, o terrorismo se apresenta como uma arma de resistência do grupo mais frágil. Ao considerar uma dada situação injusta, mas sendo incapaz de oferecer resistência direta a um grupo dominador, a arma terrorista é utilizada como forma de disseminação de pânico, de prejuízos, de vulnerabilidade, como forma de se compelir o grupo mais forte a recuar em sua política de dominação. Essa lógica, todavia, não necessariamente se aplicará a todo o ato terrorista, podendo-se constatar essa classificação a atos de estrita motivação religiosa, por exemplo.

Ademais, assim como toda realidade social, o terrorismo não apresenta uma forma definitiva e imutável. Ao contrário, a história demonstra o seu caráter transmutável e, acompanhando as mudanças globais, novas formas de terrorismo são concebidas. Nesse sentido é o dizer de Ignácio Nunes Fernandes, ao referir que o terrorismo do século XXI possui características distintas daquele do século XX, o que se verifica, por exemplo, pela sua tendência a repercutir no mundo inteiro, enquanto o terrorismo do século XX era mais modesto em sua repercussão.[28]

Fernando Reinares aponta como exemplo visível dessa nova forma de terrorismo os ataques ocorridos em Nova Iorque, em 11 de setembro de 2011, quando se evidenciou uma forma de terrorismo de escala global, de alcance extremamente amplo, acarretando efeitos psíquicos em pessoas de todo o mundo.[29]

Diante dessa dificuldade (e, talvez, impossibilidade) de alcance de um conceito universal seguro de terrorismo, muitos autores, a

---

[26] BAUMAN, Zygmunt. *Medo líquido*. Tradução de Carlos Alberto Medeiros. Rio de Janeiro: Zahar, 2008. p. 158.

[27] Essa passagem da obra de Zygmunt Bauman demonstra de maneira muito clara a finalidade política do terrorismo, a ser desenvolvida em ponto específico desta obra, configurando-se em uma análise demasiadamente simplista a identificação do terrorismo com uma cultura ou uma religião específicas. Ilustrativamente, veja-se o atentado praticado em Paris, no dia 13 de novembro de 2015, que causou a morte de, pelo menos, 129 pessoas, cuja autoria foi reivindicada pela organização terrorista conhecida por "Estado Islâmico". Conforme sobreviventes presentes no local do ataque, os membros do grupo gritavam, enquanto realizavam disparos com armas de fogo: "Faremos com vocês o que vocês fazem na Síria". Em outro momento, proferiram: "É culpa de seu presidente. Não deveria intervir na Síria." Fonte: <http://brasil.elpais.com/brasil/2015/11/14/internacional/1447526376_670754.html>. Acesso em: 16.nov.2015.

[28] NUNES FERNANDES, Ignácio. *El paradigma del terrorismo entre derecho interno e internacional*: los delitos de terrorismo entre derecho interno y derecho internacional en los arbores del siglo XXI. Pelotas: Editorial Académica Española, 2012. p. 03-04.

[29] REINARES, Fernando. Los atentados contra EE UU t el terrorismo internacional. *Claves de Razón Práctica*, Madrid, n. 116, p. 4, out.2001.

exemplo de Mário Capita Remezal[30] e Manuel Cancio Meliá,[31] acabam, por vezes, direcionando o estudo do tema à análise de um conceito eminentemente jurídico-penal do terrorismo, não desconhecendo, contudo, a natureza mais ampla do fenômeno.

Nesse sentido, refere o segundo autor que o ponto de partida de qualquer análise do conceito de terrorismo reside em não se confundir sua definição jurídico-positiva de qualquer outra que lhe possa ser atribuída, em pontos de vista distintos de uma análise estritamente dogmática.[32]

Nessa tentativa de conceituação jurídica do terrorismo, parte da doutrina dirige-se ao isolamento dos principais elementos que integram o terrorismo. Em um primeiro momento, portanto, duas classes de características são desenvolvidas doutrinariamente para conceituar o terrorismo. Ou seja, dois grupos de elementos caracterizadores do fenômeno: de um lado, um elemento estrutural e, de outro, um elemento teleológico. Pelo primeiro, destaca-se a forma de configuração e atuação do terrorismo e, pelo segundo, os objetivos visados por quem pratica o ato.[33]

Nesse exato sentido é a lição de L. Arroyo Zapatero: "[...] puede ensayarse una definición jurídica del problema 'terrorismo' conjugando dos elementos. De una parte, los medios empleados y los resultados producidos por los autores de las prácticas terroristas y, de otra, la finalidad que se persigue".[34]

Considerando a legislação espanhola acerca da definição típica de terrorismo e utilizando-se dos mesmos critérios estrutural e teleológico, Mariona Llobet Anglí aduz que pelo termo *terrorismo* deve-se entender a conduta delitiva violenta, reiterada e indiscriminada, em um processo de instrumentalização das pessoas, com o objetivo de alcance de um objetivo político.[35]

A partir desse método conceitual, deve-se compreender, como feito no conceito acima, os elementos necessários à configuração do

---

[30] CAPITA REMEZAL, Mario. *Análisis de la legislación penal antiterrorista*. Madrid: Editorial Colex, 2008.

[31] CANCIO MELIÁ, Manuel. *Los delitos de terrorismo*: estructura típica e injusto. Madrid: Editora Reus, 2010.

[32] Idem. p. 136.

[33] Idem. p. 82.

[34] ARROYO ZAPATERO, L., 1985 apud CAPITA REMEZAL, Mario. *Análisis de la legislación penal antiterrorista*. Madrid: Editorial Colex, 2008. p. 25.

[35] LLOBET ANGLÍ, Mariona. *Derecho penal del terrorismo*: límites de su punición en un Estado democrático. Madrid: La Ley, 2010. p. 66.

terrorismo, para que seja possível sua identificação nos casos colocados à análise e diferenciação com as demais figuras delitivas.

A respeito dessa última necessidade, salienta-se que o terrorismo possui uma identidade inicial com os crimes comuns. Isto é, ele se utiliza, em regra, do cometimento de atos já tipificados na lei penal. A sua distinção dos crimes comuns se apresenta em um momento posterior, referente ao seu impacto social, que o torna mais grave do que o crime utilizado como meio. Essa circunstância mais grave é representada pela disseminação do sentimento de terror na população. Com isso, conquanto haja uma situação de violência inicial já configuradora, em regra, de um delito, tal situação irá adquirir o caráter de terrorista quando for manifestado pelo agente a necessidade de se outorgar ao ato uma maior publicidade para o alcance de seus objetivos,[36] representando essa publicidade a disseminação do sentimento de terror, próprio desse fenômeno.

Resta saber se todos os atos criminosos que dispersam o terror na sociedade (como, por exemplo, grupos mafiosos, associações racistas ou homofóbicas, milícias etc.) deverão ser considerados como atos terroristas.[37] Para isso, analisar-se-ão alguns elementos básicos referidos pela doutrina na tentativa de conceituação do terrorismo.

2.1. O terrorismo, versão moderna, na legislação contemporânea

Apesar da ausência de conceitos claros e universais (o que, salienta-se, em certo aspecto, jamais se alcançará, considerando-se, entre outros fatores, toda a complexidade imanente à linguagem e a própria limitação do conhecimento humano), todos os Estados, sem exceção, respondem com extrema dureza ao que cada um deles considera terrorismo. Somente depois da Primeira Guerra Mundial uma comissão de juristas foi criada para estudar as violações ao Direito Internacional em temas de guerra. Não havia o conceito de terrorismo. Em 1937, chega-se ao Convênio de Genebra para a prevenção e repressão do terrorismo, cujo texto não define o conceito de terrorismo, senão atos de terrorismo.[38] A partir dos anos 70, muitos dos Estados democráticos

---

[36] WAINBERG, Jacques A. *Mídia e terror*: comunicação e violência política. São Paulo: Paulus, 2005. p. 15.

[37] LLOBET ANGLÍ, Mariona. *Derecho penal del terrorismo*: límites de su punición en un Estado democrático. Madrid: La Ley, 2010. p. 56.

[38] RAMON CHORNET, Consuelo. *Terrorismo y respuesta de fuerza en el marco del Derecho internacional*. Valencia: Tirant lo Blanch, p. 116, 1993.

como os EUA, por exemplo, começaram a utilização de uma estratégia jurídico-repressiva, e *"así se vive un proceso de normalización de lo excepcional"*.[39] Também vale mencionar as tentativas de definir o terrorismo por parte das Nações Unidas com a Resolução nº 2625, de 24 de outubro de 1970, com a obrigação de todo Estado de se abster de organizar, provocar ou ajudar atos de terrorismo contra outro Estado. Algo similar pode ser encontrado na Resolução nº 2734, de 16 de dezembro do mesmo ano (reforço da segurança internacional). Também podemos mencionar o Convênio de Washington, de 02 de fevereiro de 1971, promovido pela Organização dos Estados Americanos (OEA) para Prevenção e Repressão dos Atos de Terrorismo. Mais uma vez não se define terrorismo, mas se faz uma opção pela enumeração dos atos de terrorismo. São inumeráveis os esforços da comunidade internacional e são também numerosos os instrumentos internacionais. Contudo, em nenhum deles encontramos uma clara definição conceitual de terrorismo.

Na União Europeia, em 1977, o Convênio Europeu para Repressão do Terrorismo foi aprovado pelo Conselho Europeu e constitui o instrumento essencial para assistência judicial e extradição. Há também numerosas resoluções da Assembleia Parlamentarista e recomendações do Comitê de Ministros. Depois de 11 de setembro de 2001, as reações ficaram mais intensas na Europa. Em 21 de setembro daquele ano, em Bruxelas, o Conselho Europeu reuniu-se para definir os novos caminhos contra o terrorismo, com cinco pontos básicos: reforçar a cooperação policial e judicial diante de ordem de detenção europeia, que substitui o sistema de extradição; desenvolver os instrumentos jurídicos internacionais, com um chamado a aplicação dos convênios existentes; terminar com o financiamento do terrorismo; reforçar a segurança aérea; e coordenar a ação global da União Europeia na luta contra o terrorismo.

Nos EUA, na mesma semana dos atentados de 11 de setembro, o Congresso definiu a própria legitimação para responder aos ataques, falando em termos bélicos, e autorizou o então Presidente, Bush, a utilizar as Forças Armadas contra as nações, organizações ou pessoas que, segundo determine, tenham planejado, autorizado, cometido ou prestado apoio aos ataques ou amparado tais organizações ou pessoas. Diante desta base jurídica, iniciou a operação Afeganistão, em 07 de outubro de 2001, com a colaboração do Reino Unido. Em 26 de outubro de 2001, o Congresso norte-americano aprovou o *USA Patriotic*

---

[39] RAMON CHORNET, Consuelo. *Terrorismo y respuesta de fuerza en el marco del Derecho internacional*. Valencia: Tirant lo Blanch, p. 99.

Act autorizando interceptar comunicações orais e eletrônicas e outros meios de vigilância eletrônica, medidas contra o desvio de dinheiro e o financiamento do terrorismo, medidas dirigidas à imigração, medidas de investigação do terrorismo, reforço dos poderes da CIA, entre outros aspectos. Com isso, os estrangeiros podem ser detidos, não só os acusados de participação em atos terroristas, mas também aqueles que o Procurador-Geral estime que possam estar envolvidos em qualquer outra atividade que possa pôr em risco a segurança nacional dos EUA, podendo ficar detidos até o momento de sua expulsão, com autorização do Ministro da Justiça, por exemplo (e as provas podem permanecer secretas). Estes indivíduos de nacionalidade não norte-americana, detidos depois de 13 de novembro de 2001, passaram a submeter-se a tribunais militares de exceção, em processos secretos e com provas que podem, em parte, ser secretas. A constitucionalidade desses tribunais fundou-se sobre os preceitos do Código Uniforme de Justiça Militar, que prevê seu estabelecimento em estado de guerra. O governo norte-americano decidiu não aplicar aos prisioneiros de seu exército no Afeganistão o Convênio de Genebra, porque não os considerou prisioneiros de guerra. Como os estrangeiros que não se encontram em solo norte-americano não podem contar com a proteção constitucional dos EUA, optaram pela base de Guantánamo, em solo cubano, para a localização dos tribunais militares. Houve uma pressão muito forte dos movimentos de direitos humanos e da imprensa dos EUA e de todo o mundo, o que foi importante para a decisão do então Presidente Bush em aplicar a Convenção de Genebra aos prisioneiros talibãs, mas não aos membros da Al-Qaeda. Sobre isso, diz Francisco Muñoz Conde:[40]

> "No se respeta más las garantías mínimas de la Convención de Ginebra en el traslado de los prisioneros de guerra, como tampoco se ha respetado la necesidad de autorización previa de la ONU para declararla; no se renuncia a utilizar armas prohibidas o no, pero en todos casos, de gran efecto destructivo tanto en personal civil, como en bienes culturales, asumiendo su destrucción como 'daños colaterales', o la eliminación selectiva de determinados dirigentes del grupo enemigo con los llamados 'asesinatos selectivos'."

---

[40] MUÑOZ CONDE, Francisco. El nuevo Derecho Penal autoritario. In: LOSANO, Mario; MUÑOZ CONDE, Francisco. *El Derecho ante la Globalización y el Terrorismo*. "Cedant Arma Togae". Actas del Coloquio Internacional Humboldt, Montevideo, abril 2003, Valencia: Tirant lo Blanch, 2004, disponível em: <https://www.unifr.ch/ddp1/derechopenal/articulos/a_20090316_01.pdf>, acesso em 12 set 2015, p. 5.

Mais recentemente, o Congresso dos Estados Unidos (texto aprovado por 65 votos contra 34) aprovou a chamada "Lei de Tortura", criando inclusive, tribunais militares de exceção. Além disso, os "suspeitos" de terrorismo passaram a ser julgados por legislação própria, afastada a Constituição Norte-Americana, portanto. O Presidente da República é quem define quem deve ser julgado, os chamados "combatentes inimigos". Também foi proibido o desrespeito "grave" à Convenção de Genebra, e definiu como tal a tortura, o estupro, experimentos biológicos e tratamento cruel e desumano. No mais, dá ao Presidente o poder de decidir quais os métodos de interrogatório poderão ser aplicados desde que "não causem danos físicos sérios ou psicológicos permanentes". Por fim, válidas as confissões obtidas mediante tortura antes de dezembro de 2005.

O *USA Patriotic Act* está, neste momento, sofrendo sérias alterações e restrições por parte do Congresso estadunidense, a fim, por exemplo, de que sejam proibidas as interceptações de comunicações de milhões de pessoas sem autorização legal. A discussão, neste momento, ocorre por conta do prazo (que estaria terminando) para que a Casa Branca, através da Agência Nacional de Segurança (NSA), pudesse continuar espionando a comunicação privada dos cidadãos, naquele país. A reforma, em andamento, denominada *Freedom Act*, já havia sido aprovada por democratas e por republicanos, mas o assunto não está encerrado, e o Presidente Barack Obama a denominou como "irresponsável".[41] Recentemente, o Senado norte-americano aprovou a primeira parte da esperada reforma, limitando ao acesso das agências de inteligência do país a informações privadas dos cidadãos. Porém, em que pese vários movimentos considerarem este aspecto como um avanço, outras etapas de discussão estão por vir nos próximos meses.[42]

Na Alemanha, por exemplo, a figura da associação terrorista também possui uma extensão de modo a alcançar organizações no exterior. No entanto, a finalidade política não é mencionada como elemento típico, o que chama a atenção. Existem, basicamente, duas modalidades de associação terrorista, classificadas conforme certo catálogo de delitos definindo a gravidade do potencial das associações. Na França, a regulamentação típica mais recente das questões relacionadas ao terrorismo é de 1986. O conceito de terrorismo faz referência a delitos comuns. Existem os atos terroristas por finalidade, cujo

---

[41] ACLU. End mass surveillance under the patriot act. In: <https://www.aclu.org/feature/end-mass-surveillance-under-patriot-act>, disponível em 6 de junho de 2015.

[42] <https://action.aclu.org/secure/Section215?ms=web_150428_nationalsecurity_section215>. Acessado em 12 set 2015.

objetivo é alterar gravemente a ordem pública, por meio da intimidação ou do terror. Há ainda os atos terroristas por natureza, os quais indicam mero pertencimento a uma associação terrorista. Também o envenenamento massivo e o financiamento de atos terroristas estão tipificados em figuras autônomas. Na Itália, a última lei antiterrorista é de 2005 e veio a criminalizar condutas relacionadas ao treinamento terrorista, e o Código Penal italiano conta, atualmente, com um capítulo dedicado ao tema. O artigo 270 bis tipifica as associações que tenham por finalidade o terrorismo e pretendam a subversão da ordem democrática. O artigo 272 tipifica o delito de propaganda ou apologia subversiva, enquanto o 280 trata do atentado com finalidades terroristas.[43]

2.2. Caracterização do terrorismo

Já adiantando um possível conceito de terrorismo, fundamentando-se nos elementos que serão por nós elencados e explicados a seguir, o Grupo de Estudos de Política Criminal, de origem espanhola, conclui que, em termos gerais, o terrorismo pode ser classificado como sendo uma negação de direitos fundamentais, por meio da utilização da violência como meio de promoção do terror, o que se dá no âmbito de estruturas organizadas e com fins políticos.[44]

Percebe-se, nesse conceito, a presença da natureza comunicacional do ato terrorista, estabelecedor de um verdadeiro diálogo de terror, bem como a utilização de atos violentos, da estrutura organizacional e da finalidade primordial desse tipo de manifestação, qual seja, a política.

Toma esse mesmo caminho Ana Isabel Pérez Cepeda, para quem se faz presente no terrorismo uma dimensão ideológica como origem motivacional do ato. Para a autora, o terrorismo tem por objetivo provocar terror na sociedade, intento alcançado com a prática de crimes, exigindo o cumprimento de alguma exigência política para fazer cessar a violência. Nesse caminho, são identificados três planos do terrorismo: a prática de crimes comuns, a finalidade de atemorizar pessoas e a finalidade última de caráter político ou social. A autora destaca, portanto, que qualquer classe de delito pode ser considerada terro-

---

[43] CANCIO MELIÁ, Manuel. *Los delitos de terrorismo*: estructura típica e injusto. Madrid: Reus, 2010. p. 418 e ss.

[44] Grupo de Estudios de Política Criminal. *Una alternativa a la actual política criminal sobre terrorismo*. Málaga: Grupo de Estudios de Política Criminal, 2008. v. 9, p. 12.

rismo se, nessa prática, concorrerem os três planos acima apontados (violência, terror e finalidade política ou social).[45]

Desse modo, necessário agora discorrer sobre cada um dos elementos apontados como constitutivos do terrorismo.

2.2.1. Discurso do terror

Apesar de não haver consenso a respeito de um conceito universal de terrorismo, parece haver concordância quanto à necessidade de um fator específico para a sua constituição, derivado de seu próprio nome: a utilização do discurso do terror. O próprio termo terrorismo, em sua acepção comum, significa "[...] um estado psíquico de grande medo ou pavor".[46]

Quando Pablo César Revilla Montoya indica a finalidade de criação de uma atmosfera de terror[47] como o elemento principal de identidade do terrorismo, trata-se daquele objetivo para o qual se dirige o ato, necessário para o alcance de um outro objetivo maior (majoritariamente referido como um objetivo político). Pode-se dizer, assim, que o terrorismo tem por objetivo imediato a difusão do sentimento de terror, que seria, propriamente, um meio capaz de levá-lo ao seu objetivo último ou mediato.

Esse mesmo entendimento é compartilhado por Manuel Becerra Ramírez, que enxerga no objetivo de criar uma atmosfera de terror o elemento que identifica o terrorismo, entre tantos outros elementos que não alcançam o consenso doutrinário.[48]

Considerando-se, pois, o terrorismo como ato destinado à criação de um sentimento social de terror, pode-se perceber que a essência de seu discurso se manifesta como uma experiência subjetiva,[49] destinada, sobretudo, a efeitos psíquicos[50] – característica própria da manipu-

---

[45] PÉREZ CEPEDA, Ana Isabel. *La seguridad como fundamento de la deriva del Derecho penal postmoderno*. Madrid: Editora Iustel, 2007. p. 161.

[46] WILKINSON, Paul. *Terrorismo político*. Rio de Janeiro: Artenova, 1976. p. 13.

[47] REVILLA MONTOYA, Pablo César. *El terrorismo global*. Inicio, desafios y médios político--jurídicos de enfrentamiento. Anuario Mexicano de Derecho Internacional. México, v. 5, p. 406, 2005.

[48] BECERRA RAMÍREZ, Manuel. El 11 de septiembre y el derecho internacional. In: VALDÉS UGALDE, José Luis; VALADÉS, Diego (Org.). *Globalidad y conflicto*: Estados Unidos y la crisis de septiembre. México: Instituto de Investigaciones Jurídicas, 2002. p. 259.

[49] WILKINSON, Paul. *Terrorismo político*.Rio de Janeiro: Artenova, 1976. p. 13.

[50] CANCIO MELIÁ, Manuel. *Los delitos de terrorismo*: estructura típica e injusto. Madrid: Reus, 2010. p. 68.

lação de sentimentos. Em razão disso, faz-se necessário compreender o terrorismo como estratégia de comunicação,[51] ou seja, o cerne do ato terrorista se verifica não no dano material facilmente verificável e difundido de forma instantânea em nossa sociedade, mas na mensagem que acompanha o ato e que se difunde com a divulgação dos danos.

Evidencia-se, pelo que foi exposto, uma relação de quase cumplicidade entre a mídia e o terrorismo. Por ser a estratégia do grupo mais débil, de efeitos predominantemente psicológicos, a natureza comunicacional do terrorismo depende da disposição dos meios de comunicação para o alcance de seu *status* e de seus objetivos. Exatamente por isso, Jacques A. Wainberg refere que, sem um fenômeno comunicacional, o fenômeno social e político do terror não aconteceria.[52] Não fosse, portanto, o solo fértil à disposição do terrorismo em nossa sociedade, caracterizada pela instantaneidade de informações, esse fenômeno perderia a característica que o faz ser o que é.

O que se tem, assim, é uma sociedade tomada pelo sentimento de medo e na qual algumas causas contribuem para a disseminação desse sentimento, como, por exemplo, os meios de comunicação como internet.[53]

Constata-se, pois, que o terrorismo possui como ponto crucial de distinção o uso do discurso do terror. Com isso, necessária será a verificação desse elemento para a sua configuração prática. Não basta a presença de todos os demais elementos constitutivos do terrorismo se ausente este que pode ser considerado seu núcleo principal.

Assim, a título ilustrativo, não se poderá falar em terrorismo se ocorrer uma determinada atividade, com a instrumentalização de determinadas vítimas e o objetivo de, por exemplo, compelir o Estado a tomar certa decisão política, se não for essa atividade dotada de relevância social a ponto de ser capaz de produzir uma atmosfera de terror social. No exemplo, poder-se-ia pensar em uma ameaça dirigida diretamente a membros do Governo ou a familiares seus, com violência; contudo, sem que a ameaça recaísse sobre um grupo social e, em decorrência disso, fazendo-se inexistente a característica de aleato-

---

[51] CANCIO MELIÁ, Manuel. Algunas reflexiones preliminares sobre los delitos de terrorismo: eficacia y contaminación. In: DIAZ-MAROTO Y VILLAREJO, Julio. *Derecho y justicia penal en siglo XXI: liber amicorum* en homenaje al profesor Antonio González-Cuéllar García. Madrid: Editorial Colex, 2006. cap. 3, p. 492.

[52] WAINBERG, Jacques A. *Mídia e terror*: comunicação e violência política. São Paulo: Paulus, 2005. p. 63.

[53] CAMACHO VIZCAÍNO, Antonio. Conferencia inaugural. In: JUANATEY DORADO, Carmen (Dir.). *El nuevo panorama del terrorismo en España*: perspectiva penal, penitenciaria y social. Alicante: Pubicaciones Universidad de Alicante, 2013. cap. 2, p. 27.

riedade (abordada em tópico próprio) da ameaça terrorista, necessária para a disseminação do sentimento de terror generalizado. Poderia restar, nesse caso, a possibilidade de punição a título de homicídio e ameaça.[54]

O terrorismo, assim, se utiliza de uma comunicação para a consecução de suas finalidades. Mas, veja-se, no destaque de Jaques A. Wainberg, que não é qualquer comunicação que estabelece o terrorismo, senão uma espécie de "comunicação violenta".[55]

O autor destaca, ainda, a relação de "cumplicidade" entre o terrorismo e a mídia, responsável, muitas vezes, pela divulgação da prática terrorista e de seus efeitos. Por consequência, assim agindo, acaba a própria mídia possibilitando ao terrorismo o alcance da comunicação pretendida, pela disseminação de sua mensagem. Em razão disso, Jaques A. Wainberg estabelece uma relação de conluio entre mídia e terrorismo, mencionando a hipótese de que sem imprensa não haveria terror.[56]

Alguns desdobramentos ocorrem desse elemento comunicacional do terrorismo, representados pela indiscriminação de seus efeitos, pela instrumentalização das vítimas diretas e pela necessidade (ou possibilidade) de reiteração de atos.

2.2.1.1. A indiscriminação/aleatoriedade do terrorismo: as vítimas sem rosto

Segundo o Dicionário da Real Academia espanhola, vítima é um substantivo com três acepções: a. alguém que foi destinado ao sacrifício; b. pessoa que se expõe ou se oferece a um grave risco em benefício de outra; c. alguém que sofre danos por culpa alheia ou por causa fortuita. Tal perfil, quando se adiciona a proposta de uma violência intencional, pode chegar à seguinte modelação:

"Personas elegidas, preferentemente en calidad de su pertenencia categorial, de manera premeditada, injusta (sin mediar causa alguna que lo justifique) y persistente como destinatarios de la destrucción, del terror y de la muerte, y a las que se inflige un

---

[54] LLOBET ANGLÍ, Mariona. *Derecho penal del terrorismo*: límites de su punición en un Estado democrático. Madrid: La Ley, 2010. p. 74-75.

[55] WAINBERG, Jacques A. *Mídia e terror*: comunicação e violência política. São Paulo: Paulus, 2005. p. 07.

[56] Idem. p. 08.

daño que dejará huellas perdurables en su vida y en las de sus más allegados".[57]

Assim, vítima é quem sofre violência causada pelo homem, sem qualquer razão. A primeira característica da vítima é, pois, a inocência. Um recém-nascido é a expressão da inocência. No entanto, será "culpado pelo nascimento" se for um tutsi na Ruanda, ou um palestino em Israel, ou um judeu na Palestina, ou uma mulher na Somalia, ou um espanhol no caso de ETA, ou um cristão no caso do terrorismo islamita. É o que se chama de vitimização pelo pertencimento categorial. Como dizia Anne Frank em seu famoso Diário, escrito no esconderijo de Amsterdam: "um dia voltaremos a ser pessoas, e não apenas judeus".[58] Neste sentido, Manuel Cancio Meliá aduz que a condição de inimigo não se relaciona propriamente com a natureza do ato que executam, mas com a atribuição de perversidade a determinadas pessoas, um processo simbólico centrado na exclusão de determinada categoria de sujeitos do círculo de cidadãos, conduzindo-os ao *status* de "não pessoas".[59]

Para que o discurso terrorismo atinja a proporção devida, capaz de conduzi-lo ao sucesso pretendido, é necessário que os seus efeitos não sejam limitados às vítimas diretas de seus danos (*v.g.*, aqueles afetados diretamente pela detonação de um artefato explosivo). O terrorismo somente atinge a disseminação do sentimento de pânico social se seus efeitos se estenderem para além das pessoas efetivamente atacadas. Consequentemente, pode-se concluir ser da essência do terrorismo um caráter aleatório da identificação de suas vítimas.[60]

Dessa forma, o terrorismo é composto por um elemento de indiscriminação em relação a suas vítimas.

As vítimas do terrorismo não possuem nome, nem rosto. São parte de categoria considerada inferior, segundo o etnocentrismo do grupo que se considera escolhido pelos deuses, ou privilegiado pela natureza, ou ainda, chamado pela história, a cumprir uma missão. Despreza-se a cultura coletiva, símbolos de identidade, destruindo-os como forma de demonstração de poder e de *status*, acompanhados

---

[57] BLANCO ABARCA, Amalio. La condición de enemigo; el ocaso de la inocencia. In: CANCIO MELIÁ, Manuel; POZUELO PÉREZ, Laura (Coords.). *Política criminal en vanguardia*: Inmigración clandestina, Terrorismo, Criminalidad Organizada. Navarra: Thomson-Civitas, 2008, p. 257-306; p. 262.

[58] FRANK, Anne. *El diario de Anne Frank*. Barcelona: Plaza y Janés. 1993, p. 229.

[59] CANCIO MELIÁ, Manuel. De nuevo: ¿Derecho Penal del enemigo? In JAKOBS, Günther; CANCIO MELIÁ, Manuel. *Derecho Penal del Enemigo*. Navarra: Aranzadi, 2006, p. 121.

[60] CANCIO MELIÁ, Manuel. *Los delitos de terrorismo*: estructura típica e injusto. Madrid: Editora Reus, 2010. p. 71.

por sinais públicos de humilhações intoleráveis e insuportáveis. Amalio Blanco Abarca refere que "la idea de que la grandeza del fin a que está llamado un determinado grupo y que justifica cualquier medio está en la base explícita de toda la acción bélica y terrorista".[61]

Atente-se para o fato de que a indiscriminação em grande escala e a ampla tendência à letalidade são marcas do formato de terrorismo internacional predominante nos dias atuais.[62]

Realizando uma distinção entre o terrorismo e o crime de ameaça, Mariona Llobet Anglí refere que a mensagem constante na ameaça é "vou tocar em você, sujeito determinado, se não cumprir determinada imposição". Ao contrário, a mensagem própria do terrorismo é "posso tocar em você, sujeito indeterminado, em uma próxima vez".[63]

Salienta-se que, com a indiscriminação, não se quer dizer que o terrorismo não possa ter uma vítima determinada, individualizada.[64] Mesmo que assim o seja e o ato se dirija a uma pessoa em especial ou a um grupo previamente identificado, deverá haver tantas outras pessoas a adotarem o papel de vítimas indiretas, vítimas da mensagem de terror, sendo essas últimas indeterminadas.

Sem que haja essa indeterminação de vítimas (diretas ou indiretas), o ato praticado não é capaz de alcançar a disseminação da mensagem de terror de forma suficiente para que seja caracterizado como sendo um ato terrorista. Nunca se deve esquecer que o terrorismo é ato de amplitude de efeitos, que necessariamente deve se apresentar capaz de instaurar um clima de terror generalizado.

2.2.1.2. Instrumentalização das vítimas

Como decorrência do caráter comunicacional do terrorismo, as vítimas do ato de violência direta a bens individuais (à vida, à integridade física etc.), fruto da atuação do grupo criminoso, são tomadas como meros instrumentos necessários para o alcance da disseminação do terror. Ou seja, o ataque terrorista atinge um grupo de pessoas ob-

---

[61] BLANCO ABARCA, Amalio. La condición de enemigo; el ocaso de la inocencia. In: CANCIO MELIÁ, Manuel; POZUELO PÉREZ, Laura (Coords.). *Política criminal en vanguardia:* Inmigración clandestina, Terrorismo, Criminalidad Organizada. Navarra: Thomson-Civitas, 2008, p. 257-306; p. 297.

[62] REINARES, Fernando. Los atentados contra EE UU t el terrorismo internacional. *Claves de Razón Práctica*, Madrid, n. 116, p. 4, out. 2001.

[63] LLOBET ANGLÍ, Mariona. *Derecho penal del terrorismo:* límites de su punición en un Estado democrático. Madrid: La Ley, 2010. p. 82.

[64] WILKINSON, Paul. *Terrorismo político*. Rio de Janeiro: Artenova, 1976. p. 17.

jetivando que todos os demais sejam atingidos pelo efeito psicológico do ato.

As pessoas atingidas de forma direta pelo ataque terrorista adotam menos o papel de vítimas e mais o papel de instrumento (por isso se poder dizer que o terrorismo instrumentaliza suas vítimas), com a função de portadores da mensagem terrorista.[65]

Essa instrumentalização das vítimas ocorrerá em dois estágios. Na instrumentalização em primeiro grau, tem-se a utilização das vítimas do ataque terrorista como meio necessário para a disseminação do sentimento de terror em um grupo mais amplo de pessoas. Em um segundo momento, criada a atmosfera de terror, são todas as pessoas (vítimas diretas e indiretas) manuseadas como instrumento para que a mensagem terrorista alcance o Estado e, dessa maneira, o terrorismo possa atingir sua finalidade essencialmente política (como será posteriormente referido).

A comunicação do terrorismo, dessa forma, se apresenta em dois níveis. Primeiramente, a disseminação do sentimento de terror generalizado por meio de um ataque a pessoas vitimadas de maneira direta pelo ato. Posteriormente, o estabelecimento de uma comunicação com o ente estatal, o que se dá por meio da primeira comunicação (discurso de terror), com o objetivo de impor determinada intenção do grupo terrorista.

Portanto, para alcançar seus objetivos, o terrorista deve compreender, em suas vítimas, o mero papel de meio ao alcance do Estado. Necessário, portanto, que "desumanize" suas vítimas diretas, que as despersonalize.[66]

2.2.1.3. A possibilidade de reiteração de atos

Refere-se, ainda, como elemento caracterizador do terrorismo, a possibilidade de reiteração dos atos.[67] Essa característica pode ser considerada como decorrência necessária do sucesso do ato terrorista na disseminação do terror. Justamente o que torna o medo do terrorismo de tamanha grandeza é a perspectiva de que aquele ato específico e já consumado tenderá a se repetir e que, devido à indiscriminação dos seus efeitos, poderá atingir qualquer pessoa, a qualquer momento.

---

[65] LLOBET ANGLÍ, Mariona. *Derecho penal del terrorismo*: límites de su punición en un Estado democrático. Madrid: La Ley, 2010. p. 68.

[66] CANCIO MELIÁ, Manuel. *Los delitos de terrorismo*: estructura típica e injusto. Madrid: Editora Reus, 2010. p. 66.

[67] LLOBET ANGLÍ, Mariona. Op. cit. p. 67.

Assim, entende-se que, se inexistente a possibilidade ou probabilidade de reiteração do ato terrorista, será ele incapaz de provocar a contento uma atmosfera de terror, podendo produzir nada mais do que um sentimento de comoção ou revolta generalizada pelo ato já cometido e de efeitos cessados.

Mesmo que apenas se tenha cometido um ato, isso não impede a sua classificação como terrorista. Não resta prejudicada a necessidade de reiteração de atos nesse caso, pois o sentimento de pânico gerado pelo terrorismo não depende da pluralidade de atos concretos, mas de um prognóstico de repetição do ato, objetivamente constatável.[68] A própria perspectiva verificável de repetição, mesmo que não se torne concreta, já se apresenta como meio idôneo para o alcance dos objetivos a que se propõe o terrorismo.

Nessa linha, segue o dizer se Jesús-María Silva Sánchez, para quem o terrorismo constitui "[...] uma renovada vivência do mal que atemoriza e angustia".[69]

Por conseguinte, a mensagem do terrorismo não se esgota em um ato isolado; ela estende seus efeitos ao futuro e se faz permanente no tempo, encontrando facilidade de ampliação em uma sociedade tomada por incertezas e pelo medo do imprevisível como é a nossa. Assim se constata pelo ensinamento de Mariona Llobet Anglí, para quem a segurança subjetiva (segurança sentida) acaba por ser muito mais afetada por este fenômeno, mesmo que objetivamente outras causas sejam mais perigosas para a integridade das pessoas, circunstância devida ao modo de operação do terrorismo (aleatoriedade das vítimas e reiteração do ato, somados à magnitude de seus efeitos), que atua no psicológico das pessoas de uma maneira destacadamente intensa.[70]

2.2.2. A qualidade organizacional

Ao contrário da característica anterior, a discussão a respeito da possibilidade de caracterização de um ato individual como terrorista não encontra voz pacífica na doutrina.

---

[68] LLOBET ANGLÍ, Mariona. *Derecho penal del terrorismo*: límites de su punición en un Estado democrático. Madrid: La Ley, 2010. p. 71.

[69] SILVA SÁNCHEZ, Jesús-María. *A expansão do direito penal*: aspectos da política criminal nas sociedades pós-industriais. Tradução de Luiz Otavio de Oliveira Rocha. São Paulo: Revista dos Tribunais, 2002. p. 36.

[70] LLOBET ANGLÍ, Mariona. Op. cit. p. 69.

Mariona Llobet Anglí defende a possibilidade de existência do chamado "terrorismo individual". A autora não afasta a necessidade de verificação da extrema gravidade e intensidade da mensagem implícita para constituição do terrorismo. Todavia, não considera esse um empecilho, atualmente, a ocorrência de um ato terrorista individual, levando em conta o grau de destruição que podem alcançar algumas armas modernas. Dessa forma, a lesividade e operacionalidade próprias de uma organização terrorista seriam alcançadas de maneira individual em decorrência dos meios atuais de atuação.[71]

Contudo, não se deve esquecer que o crime de terrorismo, especialmente nos moldes modernos, por natureza, refere-se a um fenômeno social de extensão sem igual em seus efeitos, consequência de sua extraordinária capacidade comunicacional. Disso decorre a dificuldade em se enxergar, no ato cometido por agente individual, a natureza terrorista.

Nesse sentido, Manuel Cancio Meliá entende derivar da própria dimensão da mensagem do terrorismo a sua necessária qualidade de organização.[72] Existe, aqui, uma incapacidade de o agente isolado atingir toda a extensão consideravelmente ampla do terrorismo.

Para o autor, a configuração unitária do terrorismo não se apresenta compatível com o requisito apontado pela doutrina dominante no assunto e que constitui uma das bases fundamentais do terrorismo: a organização.[73] No entendimento do autor, portanto, em sua acepção própria, o terrorismo apenas comporta aquelas ações praticadas por um grupo organizado, condição essencial para fazer com que a atividade adquira uma significação política considerável, em razão do perigo que representa.[74]

Nesse sentido, Myrna Villegas Díaz aponta o terrorismo como sendo um ato de violação massiva e sistemática aos direitos humanos que não poderá ocorrer sem uma estratégia, devido a sua amplitude e

---

[71] LLOBET ANGLÍ, Mariona. *Derecho penal del terrorismo*: límites de su punición en un Estado democrático. Madrid: La Ley, 2010. p. 88.

[72] CANCIO MELIÁ, Manuel. *Los delitos de terrorismo*: estructura típica e injusto. Madrid: Reus, 2010. p. 136.

[73] Idem. p. 259.

[74] Deve-se destacar que o conceito jurídico-penal de terrorismo constante no Código Penal Espanhol se destina a tutelar diretamente dois bens jurídicos: a ordem constitucional e a paz pública. Em razão disso, o autor refere que apenas pela configuração organizacional a atividade poderia representar ofensa aos bens jurídicos tutelados, isto é, a capacidade de subverter a ordem constitucional ou alterar gravemente a paz pública. Todavia, salienta que não só em relação à capacidade de ofensa ao bem jurídico é exigível a estrutura de organização ao terrorismo, mas, também, por uma análise de ciência política e de ciência social, de onde se constata um entendimento majoritário dessa necessidade. (Idem. p. 260-261.)

complexidade. Conclui a autora que essa estratégia e posterior ataque aos direitos humanos apenas se faz possível no seio de uma organização, demonstrando a necessária estrutura coletiva do terrorismo.[75]

Não se afasta, aqui, a possibilidade de um agente individual ser capaz de, com seu ato, difundir o sentimento de medo em grande número de pessoas. Na sociedade atual, tomada pela instantaneidade de informações, o sentimento de medo é facilmente disseminado. Como consequência do fácil acesso a informações em tempo real, verifica-se a incidência de uma "aproximação sentida" a fatos violentos, por mais que ocorram em local isolado e distante do receptor da notícia. Não surpreenderá, pois, que o ato de um agente isolado alcance grande repercussão social. Todavia, não se acredita que atingirá esse ato a magnitude típica do terrorismo, que não deve ser confundida com o medo (mesmo que generalizado) gerado por um crime comum, em uma sociedade marcada pela difusão de informações e já propícia a altos níveis de temeridade.

Além disso, outra característica da atual forma predominantemente adotada pelo terrorismo traz à tona a necessidade de sua estruturação coletiva. Pode-se perceber que a forma de terrorismo do século XXI se destaca pelo vencimento de barreiras fronteiriças. Ou seja, ganha destaque por ser uma forma de terrorismo internacional. Mesmo que o âmbito de atuação direta do grupo terrorista se limite a atos cometidos em um espaço territorial específico, é decorrência da natureza terrorista a sua capacidade de gerar efeitos psicológicos (estratégia do discurso do terror) muito mais amplos. Conjugando-se esse poder de amplitude transfronteiriço dos efeitos do terrorismo com a necessária possibilidade de reiteração de atos para a configuração da atmosfera de terror, deve-se concluir pela indispensabilidade de uma estrutura coletiva consideravelmente densa para que se possa pensar em terrorismo.

A estrutura de uma organização terrorista pode-se apresentar, basicamente, de dois modos: pirâmide ou rede. Na estrutura piramidal, bastante hierarquizada, existe uma clara divisão de funções e um controle bastante estrito sobre a maioria das atividades de seus membros; já na estrutura de rede, em função da menor hierarquização, existe uma maior flexibilidade disseminada em diversas células ou grupos que podem atuar com relativa independência e que, usualmente, não apresentam contato entre si. Enquanto a estrutura piramidal permite

---

[75] VILLEGAS DÍAZ, Myrna. *Elementos para un concepto jurídico de terrorismo*. Santiago, Chile, 29 maio 2011. Disponível em: <http://www.plumaypincel.cl/index.php?option=com_content&view=article&id=391:elementos-para-un-concepto-juridico-de-terrorismo-myrna-villegas>. Acesso em: 15 fev. 2014. Texto postado no *site* Pluma y Pincel portal cultural.

um maior controle, liderança e capacidade de controle, a estrutura em rede permite um maior alcance operativo de atuação, sendo mais difícil de desarticular, como é o caso da rede Al Qaeda, o que se adapta melhor numa escala internacional, razão pela qual muitas estruturas terroristas piramidais têm migrado para o modelo em rede.

Chama a atenção o processo de tomada de decisão nos contextos grupais terroristas, pois neste caso, os cálculos estratégicos costumam ser bastante problemáticos, pois os grupos humanos tendem a "polarizar o extremar sus actitudes y puntos de vista en mayor medida en que lo hacen los individuos".[76] Isto se explica:

"Dado que la actividad terrorista suele ser desempeñada por personas de ideología radical para las que la violencia y el riesgo suelen constituir valores importantes, la mayoría de los terroristas gustan de ser vistos por sus compañeros como personas de actitudes y opiniones extremas lo cual puede estimularles a muchos de ellos a apoyar aquellos puntos de vista y propuestas de actuación ajenas que parezcan más extremas. Esta tendencia es aún más probable cuando las propuestas o ideas extremas hayan sido planteadas por uno de los líderes de la organización (los estudios indican que lo normal es que los líderes terroristas sean los miembros más radicalizados e ideologizados del grupo".[77]

Afora isto, o chamado "pensamento de grupo" também preocupa, seja quando confiam desmesuradamente em sua capacidade de decisão, subestimando os riscos inerentes e confiando excessivamente na bondade da moral do grupo, o que evita juízos éticos possivelmente incômodos, ou então, quando possuem opiniões divergentes da maioria do grupo, e acabam cedendo de modo a demonstrar sua conformidade com os demais.

Diferentemente de uma associação criminosa comum, os delitos de organização terroristas apresentam características que precisam ser compreendidas para além de uma descrição típica pura e simples, pois é exatamente a característica de tal "organização" que lhe confere o protagonismo absoluto no modo como desafia o próprio Estado. Por isto, pensar com a lógica de um modelo racional comum ou de prevenção situacional não responde à necessidade real, no caso do terrorismo, afinal, o delinquente é altamente motivado a seguir

---

[76] DE LA CORTE IBAÑEZ, Luis; DE MIGUEL, Jesús. Aproximación psicosocial al análisis de los movimientos terroristas. In: CANCIO MELIÁ, Manuel; POZUELO PÉREZ, Laura (Coords.). *Política criminal en vanguardia*: Inmigración clandestina, Terrorismo, Criminalidad Organizada. Navarra: Thomson-Civitas, 2008, p. 325-373. p. 361.

[77] Inclusive citando outros autores, veja-se a respeito, ibidem.

sua ideologia e não está preocupado com o balanço custo-benefício tradicionalmente pensado. Daí que uma das medidas mais estudadas e aplicadas em termos de investigação policial nesta área, apesar de extremamente arriscada, é a infiltração de agentes especializados em contraterrorismo, especialmente a fim de buscar-se identificar os líderes e os perfis psicológicos envolvidos, levantando-se as principais teias e tramas terrorista buscando sua evitação. Do mesmo modo, embora polêmico e atualmente criticado como "politicamente incorreto", tem-se, ainda, o controle migratório com o acompanhamento a distância do indivíduo, bem como certo acompanhamento de algumas práticas religiosas, posto que, assim como não se poderia aceitar a pregação do ideário de Adolf Hitler expressado na "bíblia nacional-socialista (Mein Kampf)", tampouco caberia admitir a pregação dos valores fundamentalistas muçulmanos de Osama Bin Laden, ou então, o próprio financiamento do terrorismo, já que a liberdade de expressão não pode ocultar a incitação e a apologia ao crime.[78] Disto decorre, sem dúvida, o alicerce para o chamado Direito Penal do Inimigo (ou, muito similarmente, o de Terceira Velocidade, como referido por Jesús-María Silva Sanchez), afinal o inimigo é aquele que declarou guerra, de modo duradouro, às regras que ditam o convívio social, tema que será abordado ao final. Tal Direito Penal do Inimigo tem, basicamente, três características centrais: o amplo adiantamento da punibilidade, penas excessivamente altas e garantias processuais relativizadas ou minimizadas.[79] Como refere Manuel Cancio Meliá, no signo "inimigo" existe um sentido muito mais pseudorreligioso do que na acepção propriamente militar do termo.[80] O autor identifica traços e exorcismo na tentativa de exclusão do terrorismo do mundo do racionalmente compreensível, o que conduz a uma resposta jurídico-penal hostil a esse fenômeno. Com isso, procede-se à identificação do infrator como sendo um inimigo, o que não significa mera qualificação do "outro" como fonte de perigo, mas, mais do que isso, trata-se de um reconhecimento normativo do agente com a atribuição a ele de um caráter de perversidade, mediante a sua demonização.[81]

---

[78] REDONDO ILLESCAS, Santiago; GARRIDO GENOVÉS, Vicente. *Principios de Criminología*. Valencia: Tirant lo Blanch, p. 828-858, p. 852-854.

[79] JAKOBS, Günther. *Derecho Penal*. Parte General: fundamentos y teoría de la imputación. Madrid: Marcial Pons, 1997.

[80] CANCIO MELIÁ, Manuel. Terrorismo y Derecho Penal: sueño de la prevención, pesadilla del Estado de Derecho. In: CANCIO MELIÁ, Manuel; POZUELO PÉREZ, Laura (Coords.). *Política criminal en vanguardia*: Inmigración clandestina, Terrorismo, Criminalidad Organizada. Navarra: Thomson-Civitas, 2008, p. 307-324. p. 315.

[81] CANCIO MELIÁ, Manuel. *Los delitos de terrorismo*: estructura típica e injusto. Madrid: Reus, 2010, p. 31.

Afinal, qual a dignidade penal dos delitos de organização? Seria a tutela do direito (não abusivo) de associação enquanto direito fundamental? Embora isto possa ser verdadeiro, não corresponde ao conteúdo do injusto presente no delito.

Assim, poderíamos questionar se a tutela estaria dirigida ao bem jurídico individualmente considerado, a ser atingido pela associação criminosa. Jesús-María Silva Sánchez é um dos defensores desta corrente. A ser assim, os delitos de organização se bastariam como delitos de perigo (abstrato). A última corrente sustenta que muito além de uma antecipação, previne-se o ataque direto a um bem jurídico autônomo e de caráter coletivo (paz interior, segurança pública), não vagamente entendido, como usualmente, mas sim, como efeitos da organização delitiva sobre o corpo social, eis que o Estado tem a primazia enquanto instituição política e jurídica, e somente agentes coletivos perigosos e que tenham uma atuação delitiva violenta poderão colocar tal poder em xeque, questionando seu papel e atacando o monopólio da violência estabelecido em seu favor.[82]

O terrorismo não se satisfaz com a violência em si, mas com o uso simbólico da linguagem da violência, desafiando o poder do Estado, buscando tomar-lhe, ilegitimamente, o seu espaço, a fim de construir o que os terroristas chamam de "seu campo social". Na busca desta contraordem legitimatória, pretende ocupar um espaço normativo, portanto. Deste modo, mediante ações violentas, busca o terrorismo alcançar um significado político, caracterizado pelo questionamento da representação política desenhada pelo ordenamento, principalmente, pela Constituição. E apenas um coletivo "com suficiente densidade" pode afetar o monopólio da violência do Estado.

Ante o exposto, resta interpretar, assim, de modo contextualizado, o conceito de terrorismo proposto pela legislação espanhola, à luz dos artigos 571 e 572 do CP, como organizações (e não faz diferença se "bandas, organizaciones o grupos") armadas que "utilizando medios de intimidación masiva, tienen como finalidad colectiva la de subvertir el orden constitucional o alterar gravemente la paz pública.". Assim, verifica-se que o conceito de organização terrorista é funcional, ou seja, uma organização terrorista depende mais do que faz (idoneidade), do que daquilo que é, para ser assim qualificada. Neste sentido, diz o Tribunal Constitucional espanhol: "Característico de la actividad terrorista resulta el propósito, o en todo caso el efecto, de difundir una situación de alarma o de inseguridad social, como

---

[82] CANCIO MELIÁ, Manuel. Sentido y límites de los delitos de terrorismo. In: CANCIO MELIÁ, Manuel. *Estudios de Derecho Penal*. Lima: Palestra, 2010, p. 361-392, p. 371.

consecuencia del carácter sistemático, reiterado e muy frecuentemente, indiscriminado, de esta actividad delictiva".[83]

Manuel Cancio Meliá menciona que este modo de atuação se denomina como "vertente instrumental" do terrorismo, posto que o terrorismo é, essencialmente, uma estratégia de comunicação (como provocação do poder),[84] afinal, esta capacidade de simbolismo e de linguagem visa a amedrontar a população, criando a ideia de um estado paralelo, inclusive com capacidade para desafiar o poderio militar do próprio Estado, alcançando uma intimidação massiva. Os atos de violência são dirigidos a vítimas escolhidas previamente, apenas como meio de alcançar a difusão da insegurança coletiva. Por isto, não importa se as vítimas são selecionadas de forma mais ou menos genérica, mas sempre são fungíveis, aleatórias, o que acaba qualificando ou intensificando a gravidade da lesão ao bem jurídico, pois acrescenta, à lesão ou à morte da vítima, o desprezo à sua identidade pessoal, a qual acaba transformada em mero instrumento para a intimidação massiva da coletividade: "verter sangre es estremamente reprochable cuando se hace con el fín de usarla para pintar proclamas políticas".[85]

Importante destacar que, apesar de a figura típica espanhola exigir o elemento normativo "armada", o Tribunal Superior espanhol já entendeu diversamente, no caso da organização Jarrai/Haika/Segi,[86] já que a natureza da ação cometida e a finalidade perseguida caracterizavam, exatamente, o que se entende por terrorismo, muito além da utilização ou não de armas (assim como não é qualquer bando armado que pode ser denominado como terrorista). No entanto, na tipicidade formal entendeu que os fins subjetivos não podem suprir a definição objetiva do crime, o que demonstra que mesmo o Direito Penal antiterrorista acaba devendo muito à Política Criminal mais moderna.

2.2.3. A finalidade política

Outra característica amplamente apontada como essencial ao terrorismo diz respeito ao seu objetivo último, correspondente à finalidade de ocasionar uma alteração política. Ou seja, o terrorismo possui uma especial motivação, para a qual servem de instrumentos seus

---
[83] STC 199/1987, FJ 4.
[84] CANCIO MELIÁ, Manuel. *Los delitos de terrorismo:* estructura típica e injusto. Madrid: Reus, 2010, p. 61.
[85] CANCIO MELIÁ, Manuel. Sentido y límites de los delitos de terrorismo. In: CANCIO MELIÁ, Manuel. *Estudios de Derecho Penal*. Lima: Palestra, 2010, pp. 361-392, p. 383.
[86] STS 50/2007 (19.01.2007).

demais elementos. A mensagem final do terrorismo, por isso, é direcionada não às pessoas atingidas em um primeiro plano pelo discurso do terror, mas preponderantemente ao Estado.

Analisando o Código Penal espanhol de 1995,[87] Mario Capita Remezal aduz que aquela legislação adotou, como critério caracterizador do terrorismo, a finalidade do ato, que, segundo o autor, deverá ser dirigido a subverter a ordem constitucional ou a alterar gravemente a paz pública.[88] Nesse sentido é a consideração de Eugenio Raúl Zaffaroni, ao se referir ao terrorismo como uma forma de delinquência subversiva.[89]

Sob esse aspecto, o terrorismo, na tentativa de alcance de seu fim, contém um caráter instrumental, servindo o ato de meio para a consecução da finalidade política.[90]

Ao se questionar sobre o que fazem os terroristas, Manuel Cancio Meliá diz poder estar nessa finalidade política a resposta para a pergunta, sendo as infrações de terrorismo direcionadas a provocar reações do Estado.[91]

A apontada finalidade política do terrorismo, reconhecida majoritariamente pelos tratados internacionais sobre o terrorismo,[92] serve como elemento diferenciador desse tipo de infração de, por exemplo, uma organização criminosa apenas destinada ao narcotráfico ou a atividades mafiosas de qualquer tipo. Enquanto o terrorismo pretende a disseminação do terror para que, pela criação da desordem, o Estado ceda a suas exigências, as demais manifestações do crime organizado citadas desejam não a subversão política de um país, mas a manipulação da ordem já existente para obtenção de seus interesses (geralmente

---

[87] Conforme o artigo 571.3 do Código Penal Espanhol de 1995: "De las organizaciones y grupos terroristas Artículo 571 [...] 3. A los efectos de este Código, se considerarán organizaciones o grupos terroristas aquellas agrupaciones que, reuniendo las características respectivamente establecidas en el párrafo segundo del apartado 1 del artículo 570 bis) y en el párrafo segundo del artículo 570 ter, tengan por finalidad o por objeto subvertir el orden constitucional o alterar gravemente la paz pública mediante la perpetración de cualquiera de los delitos previstos en la Sección siguiente".

[88] CAPITA REMEZAL, Mario. *Análisis de la legislación penal antiterrorista*. Madrid: Editorial Colex, 2008. p. 36.

[89] ZAFFARONI, Eugenio Raúl. *Tratado de Derecho Penal*. Parte General. Buenos Aires: Ediar, 1988. v. 5, p. 105.

[90] CAPITA REMEZAL, Mario. Op. cit. p. 42.

[91] CANCIO MELIÁ, Manuel. *Los delitos de terrorismo*: estructura típica e injusto. Madrid: Reus, 2010. p. 67-68.

[92] VILLEGAS DÍAZ, Myrna. *Elementos para un concepto jurídico de terrorismo*. Santiago, Chile, 29 maio 2011. Disponível em: <http://www.plumaypincel.cl/index.php?option=com_content&view=article&id=391:elementos-para-un-concepto-juridico-de-terrorismo-myrna-villegas>. Acesso em: 15 fev. 2014. Texto postado no site Pluma y Pincel portal cultural.

financeiros).[93] Enquanto a organização criminosa simples sobrevive na ordenação política local e assim pretende seguir, a organização terrorista não aceita a ordem política imperante e objetiva, por meio de atos de violência, sua alteração forçada, por meios antidemocráticos.

Da mesma forma, não se pode atribuir a finalidade política que caracteriza o ato terrorista a um grupo armado atuante com o objetivo direto de manutenção de determinada raça, crença, ideologia etc. e que, por isso, cometesse assassinatos generalizados contra raças, crenças, ideologias etc. diferentes.

Nesse último caso, deve-se ter em conta a diferença entre um ato dirigido a um fim político de um ato que não possui esse fim, conquanto o resultado prático desejado se apresente semelhante. Tome-se, ilustrativamente, o fato de um grupo assassinar pessoas de uma etnia, indiscriminadamente, com o fim de difundir o sentimento de terror, para que o Estado altere sua política em relação às pessoas dessa etnia e decida, ao final, pela expulsão dessas pessoas de seu território; de outro lado, o caso do mesmo grupo que, com o mesmo ato (assassinatos), pretenda compelir, diretamente, as pessoas da etnia atingida a deixarem o território de um país. Apesar de ambos os atos serem instrumentalizados em um primeiro grau (suscetível de atemorizar o público), apenas o primeiro possui a instrumentalização de segundo grau (direcionado a estabelecer uma comunicação com o Estado, para alcance de uma finalidade política) e, por isso, pode ser qualificado como terrorismo.[94]

Esse mesmo posicionamento é manifestado por Myrna Villegas Díaz, para quem o terrorismo é "[...] cometido con la finalidad de conmover los fundamentos del Estado democrático alterando la estructura política, social, económica y/o medioambiental del país (que podría concretarse en un bien jurídico como el ordenamiento constitucional democrático)".[95]

Como se pode ver, deve-se concluir pela finalidade política do terrorismo em razão da própria forma de atuação eleita para o ato. A organização terrorista se utiliza de um ato violento tomado de caráter comunicacional, de disseminação do terror na sociedade, para que o Estado, receptor final da "mensagem terrorista", seja compelido a

---

[93] LLOBET ANGLÍ, Mariona. *Derecho penal del terrorismo*: límites de su punición en un Estado democrático. Madrid: La Ley, 2010. p. 57.

[94] Idem. p. 90.

[95] VILLEGAS DÍAZ, Myrna. *Elementos para un concepto jurídico de terrorismo*. Santiago, Chile, 29 maio 2011. Disponível em: <http://www.plumaypincel.cl/index.php?option=com_content&view=article&id=391:elementos-para-un-concepto-juridico-de-terrorismo-myrna-villegas>. Acesso em: 15 fev. 2014. Texto postado no *site* Pluma y Pincel portal cultural.

acatar uma imposição política do grupo. Não fosse o terrorismo dominado por uma finalidade política, não haveria necessidade de construção, pelo próprio grupo, de uma comunicação com o Estado.

Em decorrência disso, Walter Laqueur refere que se tem definido o terrorismo como o ato de aplicação de violência ou ameaça por entidades menores do que um Estado, com o objetivo de disseminar o terror na sociedade e, com isso, atingir os detentores do governo, para, ao final, promover uma alteração política.[96]

Em um Estado democrático, concebe-se como finalidade política aquela destinada ao alcance de fins que somente seriam alcançáveis por meio de meios democráticos (*v.g.*, exercício de voto, manifestações populares etc.). Já em regimes antidemocráticos, deve-se fazer a distinção entre o ato de terrorismo e o ato de resistência ao regime imposto. Nesse último caso, a atividade violenta se direciona aos membros do Governo, às suas forças, com o objetivo de instituição de um regime diferente. Esse ato de resistência, em regra, se apresenta de forma legítima na luta contra a opressão ditatorial. Todavia, essa resistência legítima não inclui a possibilidade de utilização da população civil como instrumento ao alcance da alteração de regime, residindo aqui a linha demarcatória do terrorismo: a atividade do grupo resistente dirigida contra a população.[97]

Desse modo, pode-se sintetizar o conceito de terrorismo como os atos destinados a atemorizar a sociedade com a finalidade de chamar a atenção para si, como forma de pressão ao governo em relação a reivindicações políticas.[98]

Deve-se reconhecer, pois, o terrorismo como o ato que nega a ordem política imperante em determinado território. Além disso, a forma utilizada pelo ato para essa negação deverá se desenvolver de maneira extremamente violenta, mediante ataques à população em geral, destinados esses ataques a propagar uma mensagem de terror nas pessoas.

2.2.4. O bem jurídico tutelado

Nos termos constantes na Convenção Interamericana contra o Terrorismo, ratificada pelo Brasil no ano de 2005, "[...] o terrorismo

---

[96] LAQUEUR, Walter. Postmodern terrorism. *Foreign Affairs*. n. 5, v. 75, set./out., p. 24, 1996.

[97] LLOBET ANGLÍ, Mariona. *Derecho penal del terrorismo*: límites de su punición en un Estado democrático. Madrid: La Ley, 2010. p. 94 e 96.

[98] BECERRA RAMÍREZ, Manuel. El 11 de septiembre y el derecho internacional. In: VALDÉS UGALDE, José Luis; VALADÉS, Diego (Org.). *Globalidad y conflicto*: Estados Unidos y la crisis de septiembre. México: Instituto de Investigaciones Jurídicas, 2002. p. 259.

constitui uma grave ameaça para os valores democráticos e para a paz e a segurança internacionais [...]".[99]

Devido a sua natureza complexa, também a ofensa produzida pelo crime de terrorismo vai se manifestar de forma complexa. O terrorismo, portanto, se apresenta como violação não só a um bem jurídico, mas a uma pluralidade deles. Em um primeiro momento, o ato terrorista constitui uma afronta ao mesmo bem jurídico protegido pelo delito comum do qual se utiliza; ou seja, a vida, a integridade física, a liberdade, o patrimônio etc. Por segundo, o terrorismo se consubstancia na violação à paz pública. Por último, direciona-se o terrorismo como agressão à própria democracia, no tocante à tomada de decisões políticas de maneira legítima,[100] considerando-se que é da natureza do ato terrorista o objetivo de forçar o Estado constituído a adotar sua vontade imposta.

Reside justamente no terceiro bem jurídico atingido a diferença entre o terrorismo e as demais formas de organização criminosa. Enquanto esta última almeja a alteração do conteúdo democrático do Estado para o alcance de vantagens, o terrorismo não só atinge o conteúdo democrático do Estado, como a própria democracia em seu todo.[101] Isso decorre do objetivo político inerente ao ato terrorista, que se manifesta como uma tentativa de provocar determinada alteração política por meio de atos de violência, sem respeito, portanto, às formas democráticas de consecução de resultados políticos (*v.g.*, manifestações sociais, exercício do voto, greves etc.).

Nesse sentido é a lição de Myrna Villegas Diaz, para quem o crime de terrorismo se configura pela imposição de determinada ideologia política por meio da força, afetando, portanto, o ordenamento constitucional democrático fruto da vontade popular (o que denota a importância de se levar em conta o elemento político desse injusto penal).[102]

Do exposto decorre a exigência de que a violência primeira eleita pelo grupo terrorista seja capaz de afetar (ou ameaçar de forma concreta) a ordem democrática, e essa é a razão pela qual não se deve aceitar,

---

[99] ORGANIZAÇÃO DOS ESTADOS AMERICANOS – OEA. *Convenção Interamericana contra o Terrorismo*: ratificada em 26 de setembro de 2005. Disponível em: <http://www.oas.org/juridico/portuguese/treaties/A-66.htm>. Acesso em: 15 fev. 2014.

[100] LLOBET ANGLÍ, Mariona. *Derecho penal del terrorismo*: límites de su punición en un Estado democrático. Madrid: La Ley, 2010. p. 59.

[101] Idem. p. 60.

[102] VILLEGAS DÍAZ, Myrna. Los delitos de terrorismo en el anteproyecto de Código Penal de Chile. *Revista Latinoamericana de Derecho Penal y Criminología*. Disponível em: <http://www.iuspenalismo.com.ar/doctrina/MYRNAVILLEGAS.pdf> Acesso em: 15 fev. 2014.

como meio suficiente para a configuração do terrorismo, a lesão unicamente à propriedade, seja privada ou pública. Para que o ato tenha capacidade de atingir proporções suficientes para alterar a ordem democrática, deverá afetar bens jurídicos dotados de extrema importância às pessoas, como a vida, a integridade física, a liberdade.

Para além disso, destaca-se que a paz pública é o bem jurídico por excelência violado pelo ato terrorista. Isso decorre do efeito psicológico do ato terrorista, que o caracteriza como tal e que lhe confere a própria nomenclatura. Quando se refere que o terrorismo se institui em um ato violento direcionado a difundir o sentimento de terror generalizado nas pessoas, do que se retira seu poder comunicacional, está-se a apontar o ataque à paz pública cometido pelo ato. Entendendo-se a paz pública como a sensação de segurança geral, de tranquilidade social, evidente se torna a violação do ato terrorista a esse bem jurídico.

Desse modo, considerando-se que a finalidade do terrorismo é a busca pela derrota política do Estado com tudo o que isto possa representar em termos simbólicos e de intimidação social, diz-se que a paz e/ou a ordem pública acabam sendo gravemente atingidos.

Sabedores que tais designações costumam ser criticadas por esvaziadas de sentido concreto, interessa interpretá-las, aqui, como subversão à ordem constitucional, com especial atemorização social, especial perigosidade das condutas diante dos delitos individualmente cometidos, significação política e intenção idônea para causar dano ao próprio Estado, colocando em risco a própria ordem democrática. Já a ideia de paz pública não se encontra diretamente relacionada ao ideal de subversão da ordem constitucional e política de um Estado, mas sim, a modificar a política exterior daquele país, não buscando, pois, necessariamente, um câmbio de regime em sentido estrito.

Neste sentido é que se diz que o abalo causado pelo terrorismo pode colocar em risco um Estado ou um ordenamento jurídico. E violando-se um Estado Democrático de Direito, macula-se a Constituição e, por conseguinte, princípios e direitos fundamentais são assolados.

Daí que existe um esforço coletivo e imenso na tentativa de harmonizar-se a cooperação internacional e afinarem-se as legislações que versam sobre o assunto. Porém, embora a tentativa da Decisão Marco de 2002, a União Europeia não dispõe, ainda, de um marco regulatório sobre o terrorismo que seja capaz de agregar todos os ordenamentos comunitários, gerando problemas de coerência, internamente. Veja-se que, conforme o entendimento mais atualizado, o enfrentamento ao terrorismo deve ser feito de modo preciso, sabendo identificar-se cada modelo operativo, posto que não são todos idênticos. Assim, o terrorismo produzido em países não democráticos ou a organização de tais grupos em razão do contexto no qual intervêm devem ser analisados, a título de exemplo, bem como a diferenciação entre atividades de colaboração ou atividades meramente permitidas. Por outro lado, o terrorismo de Estado (aquele mediante ações disparadas desde o aparato estatal), como foi o caso de El Salvador, em 1987, quando jesuítas foram mortos dentro da Universidad Centroamericana, precisa ser melhor estudado.[103] Disto resulta, mais do que nunca, como referido por Pablo Guérez Tricarico,[104] a partir de uma síntese que faz do pensamento de Manuel Cancio Meliá, que se faz necessária uma fundamentação dogmática sólida de organização criminosa, eis que um homicídio comum não é o mesmo que um homicídio no contexto de uma organização e a agravação da resposta penal, nestes casos, exige o inevitável componente político: "faz-se política de maneira não permitida". Por isto, segundo o professor espanhol, o fundamento do *plus* de injusto dos delitos terroristas encontra-se na pretensão a uma normatividade e na pretensão de sua estabilização coativa por parte de quem não tem o monopólio legítimo da violência. Para ele, o terrorismo é um delito político, mas no sentido inverso ao atribuído pelas democracias ocidentais, ou seja, seu significado é, precisamente, nesta área, a negação da política.

2.2.5. Delitos-meios de gravidade

Como já referido, o terrorismo se utiliza de crimes comuns para difundir o sentimento de terror generalizado em um grupo social, com o intento de alcançar algum objetivo político. É fácil perceber, portanto, a gravidade considerável do ato terrorista, que o distingue dos demais tipos criminais justamente pelo alcance de seus efeitos.

Para se fazer capaz de alcançar tamanha gravidade, o terrorismo necessariamente deve se utilizar de meios que o permitam produzir seus efeitos almejados. Esses meios são, em regra, os crimes que atentam contra os bens jurídicos mais essenciais ao homem, ou seja, a vida, a liberdade e a integridade das pessoas, seja efetivamente ou mediante a criação de perigos concretos. Na lição de Mariona Llobet

---

[103] GUÉREZ TRICARICO, Pablo. Informe de la discusión de la sesión 3. In: CANCIO MELIÁ, Manuel; POZUELO PÉREZ, Laura (Coords.). *Política criminal en vanguardia*: Inmigración clandestina, Terrorismo, Criminalidad Organizada. Navarra: Thomson-Civitas, 2008, p. 375-382, p. 378-379.

[104] Idem. p. 381.

Anglí, os bens mais essenciais dos indivíduos devem ser aqueles violados pelas infrações praticadas no terrorismo, pois devem ser idôneas para produzir a intimidação própria desse fenômeno. Dentre esses bens, a autora faz referência à vida, à saúde, à integridade e à liberdade dos indivíduos, bens que podem permitir ao ato alcançar uma alteração da paz pública, criando temor nas pessoas pela própria vida.[105]

Em decorrência disso, entende a autora que os atos que atentem exclusivamente à propriedade ou outros bens materiais ou aqueles que apenas produzem alterações públicas não são capazes de ser qualificados como terroristas. Incluem-se nesse grupo, *v.g.*, os atos de grupos ecologistas que produzam danos contra bens públicos ou grupos que produzam desordem pública.[106]

Quando verificada, portanto, a violação unicamente ao patrimônio, público ou privado, não há que se reconhecer a ocorrência de terrorismo, que apenas pode ser constatado nos casos de ataques incidentes contra bens jurídicos fundamentais de caráter individual, como os já mencionados (vida, integridade física, liberdade etc.).[107]

Quando, porém, se produzem, intencionalmente, determinados atos insuficientes para gerar o sentimento de terror (*v.g.*, danos ao patrimônio), mas que acabem por colocar em risco a vida, a integridade ou a liberdade das pessoas, admite-se a configuração do terrorismo se esse risco indireto for assumido a título de dolo eventual e se presentes os demais requisitos do terrorismo.[108]

Por todo o exposto, pode-se concluir que o terrorismo deverá, necessariamente, ser direcionado a bens jurídicos essenciais. Além disso, o que se percebe atualmente é a adoção de uma forma de terrorismo marcada pelo cometimento de atos altamente letais, do que se tomam como exemplos por excelência os ataques à Nova Iorque de 11 de setembro de 2001.[109] Em regra, o ato terrorista tenderá a deixar vítimas, se não fatais, ao menos com lesões consideráveis.

---

[105] LLOBET ANGLÍ, Mariona. *Derecho penal del terrorismo*: límites de su punición en un Estado democrático. Madrid: La Ley, 2010. p. 77.

[106] Idem. p. 78.

[107] VILLEGAS DÍAZ, Myrna. *Elementos para un concepto jurídico de terrorismo*. Santiago, Chile, 29 maio 2011. Disponível em: <http://www.plumaypincel.cl/index.php?option=com_content&view=article&id=391:elementos-para-un-concepto-juridico-de-terrorismo-myrna-villegas>. Acesso em: 15 fev. 2014. Texto postado no site Pluma y Pincel portal cultural.

[108] LLOBET ANGLÍ, Mariona. Op. cit. p. 78.

[109] REINARES, Fernando. Los atentados contra EE UU t el terrorismo internacional. *Claves de Razón Práctica*, Madrid, n. 116, p. 4, out. 2001.

2.2.6. O terrorista: o recrutamento de um determinado perfil

A análise do perfil do terrorista merece algumas considerações relevantes, principalmente a partir das considerações feitas por Luis De La Corte Ibañez e Jesús De Miguel.[110]

Para além de um indivíduo recrutado por suas características como idade, saúde física, ideologia, personalidade, enfim, um forte modelo de controle sobre seus contatos, amizades, relacionamentos, comunicações, incide também. Paralelamente a isto, um marcante elo e camaradagem entre os membros do grupo são geralmente estimulados e ritos de passagem ou cerimônias de iniciação são celebrados como forma de inaugurar uma fase com novos valores, crenças e normas ao ingressante.

Outro aspecto importante diz respeito à linguagem, igualmente trabalhada, e palavras de ordem são adotadas como símbolo de coesão do grupo: "morte aos infiéis, o fim justifica os meios" etc. Heróis ou mártires são exemplos da apologia que se faz permanentemente, incentivando-se os méritos da ação violenta.

Mas o que mais chama a atenção são os processos de desumanização pelos quais passam os candidatos a terroristas. Tais processos pretendem evitar que o futuro membro do grupo venha a sentir qualquer piedade ou condescendência com suas futuras vítimas. Também se trabalha com o emprego de estratégias para dificultar o pensamento lógico e racional, promovendo-se, inclusive, estados psicológicos como raiva, ira, frustração, os quais serão descontados como "válvulas de escape" sobre o indivíduo vitimizado, sem qualquer espaço para culpabilização, remorso ou empatia.

O bom comportamento costuma ser muito bem recompensado, seja com dinheiro, honrarias, títulos, destaques; o inverso também é verdadeiro. Qualquer falha é severamente punida, aplicando-se coação física, ameaças de morte, isolamento, repulsa aos que não souberem respeitar aos pilares da obediência.

Por fim, investe-se em treinamento na prática de atos cruéis propiciando uma dessensibilização sistemática e paulatina até que tais atos sejam concebidos como rotineiros e necessários.

A ideia da despersonalização faz com que o terrorista se perceba como peça de uma engrenagem, uma peça fungível, e que, portanto,

---
[110] DE LA CORTE IBAÑEZ, Luis; DE MIGUEL, Jesús. Aproximación psicosocial al análisis de los movimientos terroristas. In: CANCIO MELIÁ, Manuel; POZUELO PÉREZ, Laura (Coords.). *Política criminal en vanguardia*: Inmigración clandestina, Terrorismo, Criminalidad Organizada. Navarra: Thomson-Civitas, 2008, p. 325-373. p. 347.

acima de suas próprias vontades existe uma filosofia maior, a causa do movimento pela qual vale a pena se sacrificar se isto for necessário. Quanto mais forte a ideia de uma identidade coletiva, maior a coesão de tal grupo, e também, maior a disposição a cooperar com a causa e com os companheiros do grupo. Quanto maior a coesão interna, menor a disposição para descumprir as regras do movimento, verificando-se a conformidade e a obediência. Tal reforço ao sentido de coesão acaba, também, reforçando a ideia de uma visão maniqueísta de mundo, propiciando o distanciamento psicológico em relação às pessoas que não fazem parte do mesmo universo, culpabilizando a estes pelos problemas e injustiças e isentando os membros do grupo de qualquer responsabilidade a respeito.[111] Com o indivíduo preparado e bem treinado, chega o "batismo de fogo", com a participação no primeiro ato terrorista.

A adoção de recursos ideológicos também tem sua importância na formação do perfil terrorista, já que ativa certas funções psicossociais. Verifica-se que os argumentos e crenças empregados pelo mundo todo contra o terrorismo é utilizado para ativar sentimentos de frustração e de indignação moral. Já, por sua vez, argumentos e crenças que identificam um inimigo institucional ou social que possa ser responsabilizado, desumanizado, demonizado, fará com que haja a isenção da responsabilidade do grupo terrorista, inibição de possíveis reações de empatia em relação a possíveis vítimas, bem como ativação de sentimentos de ódio e de vingança. Por fim, argumentos e crenças reforçando a ideia de que, num estado futuro, os grupos terroristas terão alcançado seu êxito e objetivos perseguidos através da violência ativa a conexão psicológica entre os fins (justos e desejáveis) e os meios, desenvolvendo expectativas bastante grandes de êxito a respeito dos efeitos sociopolíticos da atividade terrorista. Assim, a formação do terrorista e suas bases pessoais (psíquicas, culturais, sociais) irão influenciá-lo, de certo modo, para a diferenciação até mesmo entre aqueles que são mais cultos, bem preparados e questionadores, daqueles que são mais desestabilizados, desequilibrados, seguidores de doutrinas (muitas religiosas) totalizantes, e que chegam a se autoimolar matando também outras pessoas, na crença de que, assim, estarão cooperando para um mundo melhor, conforme pesquisas apresentadas por Santiago Redondo Illescas e Vicente Garrido Genovés. Porém, os mesmos autores apresentam divergências em casos concretos,

---

[111] DE LA CORTE IBAÑEZ, Luis; DE MIGUEL, Jesús. Aproximación psicosocial al análisis de los movimientos terroristas. In: CANCIO MELIÁ, Manuel; POZUELO PÉREZ, Laura (Coords.). *Política criminal en vanguardia*: Inmigración clandestina, Terrorismo, Criminalidad Organizada. Navarra: Thomson-Civitas, 2008, p. 325-373. p. 351.

demonstrando, assim, oscilações no plano cultural que influenciam cada caso de modo distinto, não sendo possível uma solução única. Mas, de qualquer modo, em todos os casos, verifica-se um justificacionismo nas condutas, uma tentativa de neutralizar o valor de suas ações ou de culpabilizar os demais (Estado, governo) pelas condutas terroristas, a despersonalização da vítima e muita crueldade.[112] Alguns matam por ódio, outros matam pelo cumprimento, frio e tranquilo, de uma ordem dada.

---

[112] REDONDO ILLESCAS, Santiago; GARRIDO GENOVÉS, Vicente. *Princípios de Criminología*. Valencia: Tirant lo Blanch, p. 828-858, p. 837-841.

3. Distinções necessárias

3.1. Terrorismo: em busca de um conceito jurídico-penal

A obra *Problemas jurídicos e políticos del terrorismo*, coordenada por José Juan de Olloqui, foi buscar na mitologia grega um exemplo que pode facilitar a compreensão sobre o fenômeno terrorismo. É a partir da histórica clássica e do mito grego do Minotauro – um homem com cabeça de touro – que Olloqui inicia sua tentativa de descrever o fenômeno do terrorismo. A partir das *Fábulas de Ovidio*, de Luis Miguel Aguilar,[113] José Juan de Olloqui lembra que, na Grécia antiga, o Minotauro era um ser mau que acossava o povo grego e em especial a ilha de Creta e os atenienses, semeando o terror com sua ânsia de sangue e a incerteza de que qualquer um poderia ser sua vítima. Quando a besta não satisfazia seu apetite, semeava a morte e a desolação dos habitantes da região. Embora fosse produto de uma união material entre os homens e os deuses, os humanos o desdenhavam porque atentava contra sua segurança e a do que agora conhecemos como Estado. Foi Teseo que se tornou um herói ao matar o tipo de terrorista que representava o Minotauro.[114]

Se, na Grécia antiga, foi possível associar uma clara imagem do agente do terror e do pânico, o problema da pós-modernidade[115] consiste exatamente em identificar e conceituar esse "monstro" disseminador de violência: o terrorismo. Esse problema de vagueza semântica do que seja uma conduta terrorista implica uma moldura

---

[113] AGUILAR, Luis Miguel. *Fábulas de Ovidio*. México, Cal y Arena, 2001, 255-258.

[114] OLLOQUI, Jose Juan de. *Introducción: reflexiones en torno al terrorismo*. In: OLLOQUI, José Juan de (Coord.). Problemas jurídicos e políticos del terrorismo. México: Universidad Nacional Autónoma de México, 2003, p. 2-5.

[115] Veja-se, por exemplo, a questão da pós-modernidade para Chevallier, que entende que "evolução das sociedades contemporâneas comporta zonas bastante nebulosas, fontes de inquietude; as novas formas de terrorismo, por exemplo, podem ser consideradas como um subproduto da pós-modernidade". CHEVALLIER, Jacques. *O Estado Pós-Moderno. L'État post-moderne*. Belo Horizonte: Fórum, 2009, p. 20.

aberta de tipos penais e, não raras vezes, de eleição equivocada de novo(s) "Minotauro(s)", sob a justificativa de legitimação de ataques de massa, que geralmente vitimam inocentes ao passo que produz novos "Teseos" como heróis exterminadores de terroristas.

A abertura semântica do termo "terrorismo" desemboca na proliferação de tipos penais de prevenção de risco, que, segundo Douglas Husak, são responsáveis diretos (além de outros fatores) pelo crescimento do Direito Penal, sendo considerados como exemplo de punição de meros atos preparatórios. A ameaça terrorista, nesse cenário, surge como justificativa para que Estados criem ainda mais tipos penais dessa espécie.[116]

De fato, há uma dificuldade de se conceituar as condutas terroristas. E esses problemas de significado são de extrema importância para o Direito Penal, já que não se permite a criação de crimes *ad hoc*, dada a necessidade de se estabelecer uma clara fronteira de atuação da norma penal antiterror, a partir de condutas (pré)determinadas, com preceitos primários e secundários expressos e taxativos.

A questão ganha ainda mais relevo ante o caráter supranacional do terrorismo, já que as normas penais nacionais antiterror não possuem um *standard* comum das principais condutas terroristas – e nem há estrita obrigação nesse sentido –, nem as normas penais internacionais ainda são suficientes para solucionar o problema de uma tipificação do(s) crime(s) de terrorismo.

Na busca por suplantar as deficiências conceituais de terrorismo, Juan Avilés, em suas investigações sobre as origens do terrorismo europeu, refere que a palavra "terrorismo" foi empregada pela primeira vez na França, no final do século XVIII, para referir-se aos métodos utilizados pelo Comitê de Saúde Pública. De acordo com o autor, "[...] en un famoso discurso de 1794, Robespierre afirmó que en un período revolucionario la fuerza del gobierno popular debía residir a la vez en la virtud y en el terror", e, por essa razão, os jacobinos foram denominados terroristas, e o "[...] Diccionario de la Academia Francesa definiría en 1798 el terrorismo como sistema o régimen del terror".[117]

O dicionário define terrorismo como "modo de coagir, ameaçar ou influenciar outras pessoas, ou de impor-lhes a vontade pelo uso sistemático do terror ou forma de ação política que combate o poder

---

[116] HUSAK, Douglas. *Sobrecriminialización: los límites del Derecho penal*. Madrid: Marcial Pons, 2013, p. 86.

[117] AVILÉS, Juan. *Los orígens del terrorismo europeo: narodniki y anarquistas*. In: JÓRDAN, Javier (Coord.). Los orígens del terror: indagando en las causas del terrorismo. Madrid: Editorial Biblioteca Nueva, 2004, p. 61.

estabelecido mediante o emprego da violência".[118] Entretanto, a definição jurídica do que significa terrorismo não é de fácil construção. Esse é o sentimento de Manuel Cancio Meliá ao sustentar que "[...] tanto para el discurso jurídico como para otras disciplinas, es un lugar común subrayar el carácter proteico del fenómeno terrorista".[119] Para o professor espanhol, essa dificuldade de definição jurídico-penal resulta da própria matéria, da fenomenologia das inúmeras organizações e atividades terroristas em diferentes épocas e territórios.

Uma proposta para se resolver esse imbróglio semântico sobre o significado de terrorismo, pelo menos para efeitos penais, é apresentada na obra de Walter Lauquer – que pode ser traduzida para o português como *O Novo Terrorismo: fanatismo e as armas de destruição em massa* – ao definir o que não é terrorismo, pois, embora o terrorismo seja uma forma de violência, nem toda forma de violência é terrorismo. Por isso Lauquer vai afirmar que essa distinção "[...] is vitally important to recognize that terrorism, although difficult to define precisely, as this brief history will show, is not a synonym for civil war, banditry, or guerrilla warfare".[120] Veja-se que o autor, embora reconheça a imprecisão do termo, afasta a possibilidade de o terrorismo ser sinônimo de guerra civil, banditismo ou combates de guerrilha.

Ainda, o mesmo autor se adianta na definição do conceito de terrorismo como o emprego sistemático da violência ou ameaça de usá-la por parte de entidades menores que um Estado, com a finalidade de semear o terror na sociedade para debilitar e inclusive desmantelar os detentores do governo e, assim, produzir uma mudança política.[121]

Embora a comunidade científica do Direito Penal envide um notável esforço para conceituar o fenômeno do terrorismo a partir de uma investigação científica, o que parece incontestável é o fato de que, após os atentados aos Estados Unidos da América, em 11 de setembro de 2001,[122] precipitaram-se definições no sentido de ligar o terrorismo a um estereótipo de origem islâmica, como lembra Walter Lauquer ao

---

[118] FERREIRA, Aurélio Buarque de Holanda. *Aurélio: o dicionário da língua portuguesa*. Coordenação Marina Baird Ferreira e Margarida dos Anjos. Curitiba: Positivo, 2008.

[119] CANCIO MELIÁ, Manuel. *Los delitos de terrorismo: estructura típica e injusto*. Madrid: Reus, 2010, p. 53.

[120] LAQUEUR, Walter. *The New Terrorism: Fanaticism and the Arms of Mass Destruction*. New York: Oxford University Press, 1999, p. 8.

[121] LAQUEUR, Walter. Postmodern terrorism. *Foreign Affairs*. n. 5, v. 75, set./out., p. 24-36, 1996.

[122] BLACK, Donald. *Terrorism as Social Control*. In: DEFLEM, Mathieu (Editor). Sociology of crime, law and deviance. Vol. 5. Terrorism and counter-terrorism: criminological perspectives. New York: Elsevier, 2004, p. 12.

destacar que "popular Western perception equates radical Islam with terrorism".[123]

Conforme Javier Jórdan e Luisa Boix,[124] isso advém de um processo de justificação da violência no islamismo – *jihad* armada –, já que vêm surgindo correntes radicalizadas que justificam o emprego da violência e, especificamente, ações que podem ser qualificadas de terrorismo, em suas maiorias planejadas e executadas pela *Al Qaeda* e seus seguidores, sobretudo porque as linhas de atuação desse grupo "[...] resultan coherentes con su estrategia y su modo de operar, y nos llevan a concluir que la red terrorista va representar uno de los mayores desafíos de seguridad del siglo XXI".[125]

No entanto, as atividades terroristas não se originaram no século XXI nem são de exclusividade islâmica, já que outros povos convivem com tais práticas violentas. No século XIX, na "[...] Rusia Zarista de los Romanov y en el nacionalismo imperialista de la restauración Medji en contra del shogunado de los Tokugawa en Japón [...]", já aconteciam atos terroristas relevantes. Depois, na segunda metade do século XIX, intensificaram-se os ataques contra a realeza europeia e a população civil, surgindo a face do terrorismo moderno, como a ofensiva do grupo "Narodnayavolia" (Vontade do Povo), que organizou atentados contra a realeza para demonstrar aos campesinos a seriedade de seu projeto.[126]

Aliás, basta uma breve retomada histórica para se constatar que existe(ia) uma diversidade de grupos terroristas pelo mundo. A "Al Qaeda", que significa "A Base", é a organização criminosa mais conhecida no mundo, surgida em 1980, no Afeganistão, a partir da influência da antiga União das Repúblicas Socialistas Soviéticas (URSS). Essa organização é basicamente composta por mulçumanos fundamentalistas, e sua principal bandeira é erradicar a influência ocidental sobre os árabes. Outra organização terrorista de notabilidade no cenário mundial é o *Boko Haram*, fundada em 2002, cujo lema é a implantação de um modelo de educação islâmica, por isso que seu significado é "Educação não islã é pecado" ou "Educação ocidental

---

[123] LAQUEUR, Walter. *The New Terrorism: Fanaticism and the Arms of Mass Destruction*. New York: Oxford University Press, 1999, p. 129.

[124] JÓRDAN, Javier; BOIX, Luisa. *La justificación ideológica del terrorismo islamita: el caso de Al Qaeda*. In: JÓRDAN, Javier (Coord.). Los orígens del terror: indagando en las causas del terrorismo. Madrid: Editorial Biblioteca Nueva, 2004. p. 146.

[125] Idem. p. 181.

[126] OLLOQUI, Jose Juan de. *Introducción: reflexiones en torno al terrorismo*. In: OLLOQUI, José Juan de (Coord.). Problemas jurídicos e políticos del terrorismo. México: Universidad Nacional Autónoma de México, 2003. p. 14-15.

é pecado". Ainda no rol dos grupos terroristas que mais ganharam visibilidade, é possível incluir o Talibã, que emergiu no Afeganistão e no Paquistão, em 1996, e notabilizou-se pela dedicação à Lei Islâmica (*Sharia*), tendo sido objeto de ataque pelos Estados Unidos depois dos atentados de 11 de setembro de 2001, mas vem tentando se reorganizar. No inventário dos principais grupos terroristas pelo mundo, Jose Juan de Olloqui destaca: a) o grupo Basco denominado "Pátria Basca e Liberdade" (*Euskadi Ta Askatasuna* – ETA) e GRAPO (Grupo Revolucionário Antifascista 1º de Outubro), na Espanha; b) o Exército Republicano Irlandês (*Irish Republican Army* – IRA), na Irlanda; c) a Fração do Exército Vermelho (*Rote Armee Fraktion* – RAF), na Alemanha; d) a Brigada Vermelha (*Brigate Rosse*) e a *Lutta Obrera*, na Itália; e) o Comitê Antifacista Argelino, na França; f) o Al Fatah, o Jihad, o Hezbolah, o Hamas e o Mossad, todos no Oriente; g) o Partido Revolucionário do Povo Etíope, o Partido Comunista do Sudão e os Combatentes de Uganda, todos na África; h) o Rengo Segikum, no Japão; i) os Agentes Norte-Coreanos, na Coreia do Sul, além da suspeita da existência de células da Al Qaeda na Malásia, na Indonésia e Filipinas. Na América Latina, pode-se referenciar como atos terroristas, embora se denominem guerrilhas: a) o Sendero Luminoso e o Movimento Revolucionário Tupac-Amaru, no Peru; b) as Forças Armadas Revolucionárias da Colômbia (FARC); c) os "Montoneros", as Forças Armadas Revolucionárias (FAR) e o Exército Revolucionário do Povo (ERP), na Argentina; d) a Frente Patriótica Manuel Rodríguez e o Movimento Esquerdista Revolucionário, no Chile; e) o Exército de Libertação Nacional (ELN), na Bolívia; f) o Movimento de Liberação Nacional Tupamarus (MLNT), no Uruguai; g) a Vanguarda Revolucionária Popular (VRP), no Brasil; h) as Forças Armadas Revolucionárias Maoístas, na Guatemala; i) o Partido Comunista de Cuba, em Cuba; e j) o Exército Zapatista de Liberação Nacional (EZLN), no México.[127]

A partir dessa incursão histórica sobre a atividade terrorista pelo mundo, é possível concordar com Jacques Chevalier, por exemplo, que não debita na responsabilidade do islã a exclusividade do uso de práticas terroristas, nem o início do movimento terrorista. Segundo ele, "os atentados de 11 de setembro de 2001 apenas teriam acelerado essa evolução, o desenvolvimento de um terrorismo em escala mun-

---

[127] OLLOQUI, Jose Juan de. *Introducción: reflexiones en torno al terrorismo*. In: OLLOQUI, José Juan de (Coord.). Problemas jurídicos e políticos del terrorismo. México: Universidad Nacional Autónoma de México, 2003. p. 14-15.

dial tendo testemunhado a interdependência crescente das sociedades e imposto o reforço da cooperação internacional".[128]

O referido autor reforça que, "[...] mais gravemente ainda, algumas formas de terrorismo radicalmente tendem a se desenvolver em virtude da globalização [...]", pois, "[...] enquanto o terrorismo era antes um fenômeno interno (ETA, IRA, por exemplo) ou ligado a um conflito regional (Oriente Médio), ele tomou uma dimensão totalmente diferente ao longo dos últimos anos (rede Al-Qaeda) [...]". Segundo o autor, o terrorismo de hoje "[...] não está mais ligado a um dado Estado [...]", porquanto, o terrorismo dos tempos pós-modernos "[...] funciona sobre a base de uma rede de solidariedade transnacional, um terrorismo que, apoiando-se sobre um manto religioso, mobiliza plenamente os recursos (tecnológicos, econômicos, financeiros, ideológicos etc.) da globalização [...]". Além disso, as práticas terroristas se desenvolvem no "coração da economia mundial", enfim, é um "[...] terrorismo que se confronta com a ordem internacional sem hesitar em golpear no pleno coração a potência hegemônica sobre a qual se apoia essa ordem [...]".[129]

Veja-se, portanto, o quanto é complexo definir terrorismo, muito embora, fora do campo jurídico-penal, uma pessoa que acompanhe razoavelmente os noticiários publicados pela mídia em geral sob a chamada de "atos de terrorismo" pode, facilmente, formar uma convicção subjetiva – e até mesmo comum – do fenômeno terrorismo. Isso é próprio do caráter expansivo e popularizado do Direito Penal pós-moderno, como muito bem refere Manuel Cancio Meliá, ao sustentar que "[...] se está produciendo – al menos –, por un lado, una expansión cuantitativa y cualitativa del ordenamiento penal; por otro, un proceso de cambio de la relevancia del ordenamiento penal y su funcionamiento en la comunicación pública: lo que antes sólo interesaba a juristas, ahora está en boca de todos".[130]

Assim também é o entendimento de Ulrich Beck,[131] que, ao analisar o terrorismo e a guerra, afirma que existe um problema conceitual sobre o que seja "inimigo" e "terrorista". Segundo ele, nós vivemos, pensamos e atuamos com conceitos antiquados que, não obstante, seguem governando nosso pensamento e nossa ação. Nesses velhos

---

[128] CHEVALLIER, Jacques. *O Estado Pós-Moderno. L'État post-moderne*. Belo Horizonte: Fórum, 2009. p. 20.

[129] Idem, p. 37.

[130] CANCIO MELIÁ, Manuel. *Los delitos de terrorismo: estructura típica e injusto*. Editorial Reus S. A. Madrid: 2010. p. 18-19.

[131] BECK, Ulrich. *Sobre el terrorismo y la guerra*. Barcelona: Paidós, 2003. p. 9-12.

conceitos pode-se incluir o de "defesa", que, frequentemente, se confunde com "ataque", como foi o caso dos bombardeios dos Estados Unidos contra o Afeganistão. Para o autor, não se pode aceitar a ideia de um fracasso linguístico para conceituar, por exemplo, terrorismo, porquanto é necessário medir a distância entre o conceito e a realidade e lançar pontes para compreender o que a realidade surgida de nossas ações como civilizações oferece de novo, o que representaria um avanço na formulação de conceitos adequados para o terrorismo e para a guerra.[132]

Conforme o sociólogo alemão, o conceito de "terrorista" induz a erro, pois se refere a uma nova ameaça, partindo de uma semelhança de motivos com os movimentos de libertação nacional, que não se amoldam em absoluto aos suicidas e assassinos em massa, já que, no caso destes últimos, "[...] el antimodernismo fanático, el antiglobalismo y el pensamiento y la acción globales modernos están estrechamente entremezclados, algo inconcebile para el observador occidental".[133]

Na busca por uma construção de um conceito de terrorismo, Ulrich Beck vai dizer que houve uma reviravolta na estratégia de defesa, na medida em que são os Estados nacionais do mundo inteiro que se preocupam com a ameaça transnacional de criminosos, deixando, de certa forma, aquela antiga premissa de defesa primeira contra seus iguais, isto é, outros Estados. Isso porque, segundo o autor alemão, as redes terroristas são, de certa forma, "ONG´s da violência", pois operam como organizações não governamentais, desterritorializadamente, descentralizadamente, desbancando o monopólio estatal da violência – que era organizada de Estado contra Estado –, significando dizer que essas redes de terrorismo internacional não estão necessariamente ligadas ao terrorismo islâmico, nem se assemelham ao terrorismo dos movimentos de libertação nacional. Essa última distinção é importante porque o terrorismo transnacional opera sem território enquanto o movimento de libertação nacional possui uma identidade territorial e nacional.[134]

Ainda perseguindo uma explicação jurídica para o terror, Ulrich Beck refere que as ameaças dos perigos provindos de redes terroristas transnacionais, aliadas às crises ecológicas e às crises financeiras globais, representariam uma lógica que segue uma tríplice dimensão do perigo na sociedade de risco mundial. Daí que o autor refere que o

---

[132] BECK, Ulrich. *Sobre el terrorismo y la guerra*. Barcelona: Paidós, 2003. p. 9-12.
[133] Idem. p. 27.
[134] Ibidem.

terrorismo supranacional assumiu multifacetadas formas de perigos, sobretudo a partir dos atentados aos Estados Unidos, em setembro de 2001, mostrando uma face violenta da globalização. O autor alemão compara o contra-ataque aos terroristas como uma justificativa igual ao pacto mundial para a defesa da Terra em caso de ataque alienígena. É nesse sentido que Ulrich Beck enxerga na luta mundial contra o terrorismo um caminho para a constituição de uma "grande política". Por isso, antigos e históricos adversários deixaram de lado suas divergências e constituíram alianças e coalizões para enfrentar um inimigo em comum: o terrorismo.[135]

Importante destacar a constatação de Beck, quando adverte que existe uma clara distinção do terrorismo atualmente praticado por grupos organizados daquelas práticas terroristas do passado, quando os terroristas queriam salvar suas vidas depois de cometer seus crimes, ao passo que os terroristas suicidas abrem mão de suas vidas, evitando que as autoridades dos Estados busquem o autor dos atos para o processo e julgamento até futura responsabilização.[136]

O que se evidencia aqui, bem como pelo exposto ao longo desse trabalho, é que não existe um conceito preestabelecido sobre o terrorismo. Isso significa dizer que ainda se está longe de uma definição exata, inequívoca e aceitável de terrorismo pela maioria dos Estados (o que, destaca-se novamente, não se pode saber se é possível). O que parece ficar mais evidente são os isolamentos e distinções do que não pode ser conceituado como terrorismo, o que já é certo avanço para solucionar essa vagueza semântica.

Não se pode olvidar que o problema não se limita tão somente a definir o que é terrorismo. Essa é apenas a ponta do *iceberg* em se considerando a condição das normas jurídico-penais que, necessariamente, devem-se revestir de uma legalidade estrita e precisa, estabelecendo um marco para a criação de um tipo penal que possa ser inserido de forma semelhante nos ordenamentos penais de cada Estado – o que contribui para um tratamento mais adequado ao terrorismo no cenário internacional. Isso certamente contribuiria para evitar vaguezas semânticas que implicam a criação de um tipo penal de terrorismo com sobreposição de normas penais para uma mesma conduta, ou criminalização de condutas abstratas e gerais, além de tantos outros problemas de leis penais em branco, que flagrantemente se desarmonizam com Constituições e com as normas internacionais de direitos humanos.

---

[135] BECK, Ulrich. *Sobre el terrorismo y la guerra*. Barcelona: Paidós, 2003. p. 28-29.
[136] Idem. p. 30.

Uma sugestão apontada por Cancio Meliá como um ponto de partida para a criação de um Direito Penal antiterrorista é, além de conhecer a natureza e a estratégia próprias de todo o terrorismo, saber que o Direito Penal não pode prevenir eficazmente as condutas terroristas que reprime.[137] Para o autor espanhol, o terrorismo deve ser compreendido como a existência de uma organização que realiza ações violentas de especial gravidade, e isso com um significado político (no mesmo sentido defendido neste trabalho), que implica precisamente o questionamento do procedimento de representação política desenhado pelo ordenamento jurídico e, em suas coordenadas básicas, na Constituição.[138]

O que é incontroverso é o fato de que tal busca conceitual deve ser alicerçada no Direito, pois, na linha do que sustenta Ulrich Beck, embora as relações entre os Estados não tenham chegado ainda em um patamar aceitável, é necessário construir e ratificar uma convenção internacional contra o terrorismo, isto é, uma convenção que não apenas construa um conceito sobre terrorismo, mas que situe sobre uma base legal a perseguição interestatal dos terroristas, a partir de uma ideia de um espaço legal, unitário e universal, exigindo um esforço para que o Estatuto do Tribunal Internacional seja ratificado por todos os países, inclusive pelos Estados Unidos.[139]

Nesse sentido, parece ser adequado acompanhar Ana Isabel Peréz Cepeda, que também aponta para a necessidade de regulamentação do terrorismo como um crime internacional, sendo isso um passo decisivo para se evitar conflitos, devendo esse conceito ser construído a partir de resolução da Organização das Nações Unidas (ONU), cuja competência seria da Corte Penal Internacional.[140] Para a autora, com a tipificação comum e prévia do terrorismo se evitariam ou limitariam as consequências que a atual política criminal, fundamentada em um Direito Penal do inimigo, está tendo nas legislações penais nacionais dos diferentes Estados quando concede a legitimidade das medidas repressivas à decisão de incluir ou não determinadas pessoas ou grupos em listas de proscritos.[141]

---

[137] CANCIO MELIÁ, Manuel. *Los delitos de terrorismo: estructura típica e injusto*. Editorial Reus, S. A. Madrid: 2010. p. 77.

[138] Idem. p. 136.

[139] BECK, Ulrich. *Sobre el terrorismo y la guerra*. Barcelona: Paidós, 2003. p. 34-35.

[140] PÉREZ CEPEDA, Ana Isabel. *La seguridad como fundamento de la deriva del Derecho Penal Postmoderno*. Madrid: Iustel, 2007. p. 158.

[141] Ibidem.

Em relação a esse almejado conceito jurídico-penal de terrorismo, foram desenvolvidos os elementos constitutivos desse fenômeno em momento anterior do presente trabalho, possibilitando-se a construção do conceito jurídico de terrorismo que aqui se defende.

Ainda assim, para melhor compreensão do tema e a fim de se evitar confusão, algumas diferenciações são consideradas necessárias em relação ao terrorismo, as quais serão desenvolvidas nos pontos a seguir.

3.2. Distinção entre o terrorismo e a guerra

É destacada por Paul Wilkinson a dificuldade notável em se distinguir, de forma nítida, o ato de terrorismo e o ato de guerra.[142] Mesmo sendo tarefa dificultosa, fica evidente que, para o autor, guerra e terrorismo não refletem um mesmo fenômeno.

Portanto, o terrorismo não equivale à guerra. Como se sabe, mesmo em caso de guerra, existem certas diretrizes a serem seguidas pelos Estados (como, por exemplo, aquelas dispostas nas Convenções de Genebra que regulam a tutela de militares feridos, o tratamento a prisioneiros de guerra, a proteção a civis etc.). Dessa forma, os atos de guerra são distintos dos atos de terrorismo, considerando-se os primeiros juridicamente legítimos em algumas situações, ou, em outras, constitutivas de crimes de guerra.[143]

Justamente por não configurar ato de guerra, o terrorismo carece de poderio militar. Ele se diferencia de um conflito armado de grande intensidade, porquanto o terrorismo, como já referido, normalmente configura a estratégia do grupo mais débil.[144] Como resultado dessa característica, o terrorismo necessita de um equivalente à força militar que não possui. Esse equivalente é encontrado nos meios especificamente terroristas. Nesse sentido, Manuel Cancio Meliá menciona que o equivalente ao uso da força militar encontrado pelo terrorismo é a seleção de objetos distintos como alvos de sua agressão, com o objetivo de gerar uma ameaça generalizada.[145]

---

[142] WILKINSON, Paul. *Terrorismo político*. Rio de Janeiro: Editora Artenova, 1976. p. 19.

[143] LLOBET ANGLÍ, Mariona. *Derecho penal del terrorismo*: límites de su punición en un Estado democrático. Madrid: La Ley, 2010. p. 127.

[144] CANCIO MELIÁ, Manuel. *Los delitos de terrorismo*: estructura típica e injusto. Madrid: Editora Reus, 2010. p. 70.

[145] Idem. p. 70-71.

Possuísse o grupo de agentes um poderio militar, não seria necessário para o alcance de seus objetivos o apelo à estratégia de disseminação do terror.

A diferenciação entre ato terrorista e ato de guerra importará em consequências diretas na forma de combate ao terrorismo a ser adotada pelo Estado. Isso se deve ao fato de ambos os fenômenos exigirem formas diferentes de abordagem, levando-se em conta suas motivações e consequências especiais. Nesse ponto, Luigi Ferrajoli aponta o grande equívoco atualmente cometido por alguns Estados, que, como forma de combater o terrorismo, adotam o discurso de "guerra ao terror", exercendo atos de combate militar de grande escala, quando o ideal seria preservar a mencionada distinção entre o terrorismo e a guerra e reservar ao último o tratamento próprio de um ato criminoso.[146]

3.3. Tratamento penal do terrorismo *vs.* tratamento beligerante

Quando se trabalha o combate ao terrorismo, é inevitável se perguntar, assim como fez Francesco Viganò, se um "Código Penal de paz" é capaz de obstar a prática do terrorismo.[147]

Atualmente, a legislação penal é manuseada de forma a se permitir o império de seu efeito meramente simbólico. A esse respeito, Winfried Hassemer elenca algumas formas de direito simbólico, dentre as quais se encontram as "leis de crise", que possuem o objetivo de tranquilizar a população, utilizando o autor o exemplo das leis contra o terrorismo.[148]

Quando se fala em efeito simbólico, não se deve pressupor que a legislação penal não produza resultado algum. O efeito simbólico relaciona-se com o incremento da sensação de segurança, de resultado positivo de uma decisão, sendo esse resultado fictício, assim como a segurança. Não só é fictícia a imagem de efetividade legislativa, como, em um plano prático, o que se constata é, geralmente, um resultado contraproducente. Ou seja, instaura-se uma imagem de solução a um problema (que não tende a durar muito tempo, vindo a demandar novas medidas simbólicas), quando, na verdade, a situação é agravada.

---

[146] FERRAJOLI, Luigi. *Principia iuris*: teoria del diritto e della democrazia. 2. Teoria della democrazia. Itália, Bari: Ediroti Laterza, 2007, v. 2. p. 364.

[147] VIGANÒ, Francesco. Terrorismo, guerra e sistema penale. *Rivista Italiana di Diritto e Procedura Penale*, Milão, v. 49, p. 655, abr./jun.2006.

[148] HASSEMER, Winfried. Derecho Penal simbólico y protección de bienes jurídicos. In: BUSTOS RAMIREZ, Juan (dir.). *Pena y Estado*. Santiago: Editorial Jurídica ConoSur, 1995. p. 26.

Como é próprio de uma sociedade tomada pelos efeitos da expansão do Direito Penal, que faz produzir seus efeitos especialmente nas atividades delituosas que mais alteram o ânimo social em razão de sua gravidade, vivenciamos uma tendência ao agravamento da resposta legal aos crimes em geral. Conforme a lição de Manuel Cancio Meliá, a atuação do Direito Penal em caráter preventivo possui uma complexidade muito maior do que supõe o discurso político-criminal dominante, segundo o qual se defende, erroneamente, uma relação correspondente entre o maior nível de "dureza" ou severidade do ordenamento jurídico-penal e níveis maiores de eficácia preventiva desse sistema.[149] No combate ao terrorismo, esse tipo de manifestação se faz presente de forma evidente.

Todavia, não existe qualquer evidência de que um tratamento penal mais rigoroso representará maior eficácia preventiva. Isso não quer significar que se deva retirar a atuação do Direito Penal no combate ao terrorismo, mas que se deva reconhecer o caráter extremamente mais amplo do fenômeno terrorista, como estratégia comunicacional de poder, que deve ser analisado sob um enfoque predominantemente social.[150]

Deve-se ter claro, ainda, que determinadas formas de repressão ao terrorismo podem-se apresentar contraproducentes devido à sua gravidade.[151] Isso decorre do fato de que o terrorismo é, efetivamente, beneficiado com a política de guerra ao próprio terrorismo. Considerando que seu objetivo é a difusão do terror para alcance de um objetivo político final, o terrorismo tem na ideologia agressiva de seu combate um fator aliado à criação de uma atmosfera de pânico. Ao ser considerado um inimigo do Estado e da sociedade, merecedor de medidas tão drásticas quanto aquelas próprias de uma guerra declarada (perceptível na política de combate ao terrorismo dos Estados Unidos da América), o terrorismo adquire *status* de ente dotado de um poder que na verdade não tem e o sentimento de medo se difunde com maior facilidade nas pessoas, que se veem sujeitas a esse poder.

Luigi Ferrajoli elenca os equívocos cometidos por alguns países no combate ao terrorismo. Entre eles, temos a elevação do fenômeno terrorista a uma questão de guerra, ao invés de um problema passível de uma ação policial coordenada internacionalmente; a consideração do agente terrorista como combatente beligerante (postura própria do

---

[149] CANCIO MELIÁ, Manuel. *Los delitos de terrorismo*: estructura típica e injusto. Madrid: Editora Reus, 2010. p. 57.

[150] Idem. p. 56.

[151] Idem. p. 73.

Direito Penal do inimigo, de Gunther Jakobs) e não como criminoso; e a representação do ato terrorista como uma agressão militar, não mais como uma atividade criminosa típica do tratamento do Direito Penal. Segue o autor referindo que tais posturas apenas servem de fatores de legitimação do terrorismo, que se vê elevado à categoria de potência inimiga, além de representarem, mais do que a renúncia da política e da lei, a renúncia da razão.[152]

Admite Luigi Ferrajoli que, sozinho, o Direito Penal não é suficiente ao combate de uma forma de criminalidade tão complexa como é o terrorismo, sendo necessárias medidas de política internacional bem coordenadas.[153] Todavia, admite que não se deve negar ao terrorismo seu caráter de atividade criminosa e, por isso, merecedora do tratamento do Direito Penal, afastando-se a aplicação de medidas próprias de guerra, resposta simétrica ao terrorismo e contrária à lógica do Direito. Como refere o autor, no combate ao terrorismo, é própria a resposta assimétrica e garantista do Direito Penal, contraposta à resposta irracional e simétrica encontrada na guerra (ao terror).[154]

Além de ser uma medida insuficiente na prevenção ao terrorismo, a atuação do Direito Penal deve ser exercida com cautela e com um profundo estudo crítico de suas implicações para que sejam evitados resultados gravosos. Essa capacidade de efeito contrário aparece advertida por Manuel Cancio Meliá, ao dizer que não se deve supor que um Direito Penal antiterrorista vá obter êxito na prevenção eficaz das infrações às quais reprime, bem como não se deve esquecer que os custos de contaminação que determinada orientação de sua regulamentação pode acarretar.[155]

Ou seja, em um primeiro momento, deve-se atentar para a natureza de extrema complexidade do fenômeno terrorista, que, assim como os demais fatos criminosos, mas talvez mais do que eles, não se consubstancia unicamente em uma questão penal e, dessa forma, resolúvel pela atuação do Direito Penal isolado. A capacidade do Direito

---

[152] FERRAJOLI, Luigi. *Principia iuris*: teoria del diritto e della democrazia. 2. Teoria della democrazia. Itália, Bari: Ediroti Laterza, 2007, v. 2. p. 364.

[153] Nesse mesmo sentido, refere Manuel Cancio Meliá: "Parece que en el caso de estos grupos, es especialmente claro que resulta imposible desarticular – usando sólo medios de persecución criminal y duraderamente – una organización multicéntrica y carente de una verdadera estructura funcional en su conjunto." (CANCIO MELIÁ, Manuel. *Los delitos de terrorismo*: estructura típica e injusto. Madrid: Editora Reus, 2010. p. 61)

[154] FERRAJOLI, Luigi. *Principia iuris*: teoria del diritto e della democrazia. 2. Teoria della democrazia. Itália, Bari: Ediroti Laterza, 2007, v. 2. p. 507.

[155] CANCIO MELIÁ, Manuel. *Los delitos de terrorismo*: estructura típica e injusto. Madrid: Editora Reus, 2010. p. 77.

Penal na prevenção de atos terroristas é (quase) nula, se chamado a agir como única medida.

Sob um segundo aspecto, constatou o autor antes citado a tendência da legislação antiterrorista em contaminar a legislação ordinária. É ilusória, pois, a imagem de que as alterações e criações legislativas direcionadas ao combate do terrorismo (que, normalmente, se manifestam por medidas drásticas, de gravidade consideravelmente elevada) se limitarão, a curto e longo prazos, aos atos de terrorismo. O que se verifica é a expansão dessa legislação, que, após passar por um "período de testes" na disciplina do terrorismo, acaba por ser adotada como medida aplicável aos demais crimes. Esse é o resultado verificável em grande parte das "leis de exceção" que, com o tempo, tendem a perder o caráter de exceção para se tornarem comuns. Veja-se, a título ilustrativo, a constante expansão do rol de crimes considerados hediondos, cada vez mais amplo e cada vez menos exceção.

Ademais, as possibilidades de prevenção e persecução penal de agentes terroristas se mostram ainda mais enfraquecidas diante das características com as quais vêm se apresentando alguns grupos: são, muitas vezes, suicidas, vinculados a religiões fundamentalistas, organizados em pequenos grupos autônomos, mas com conexões internacionais.[156] Nessa forma de organização, não se manifesta propriamente uma estrutura hierárquica, mas integrantes em situação de igualdade, que compõem grupos independentes, formando uma grande rede terrorista internacional.

Pelo acima exposto, conclui-se que a adoção de medidas de gravidade excessiva sob o pretexto da luta contra o terrorismo seria, precisamente, mais uma forma de afirmação do simbolismo que assola o Direito Penal. Representaria essa política de combate ao terrorismo uma vitória conquistada pelo fenômeno terrorista. Todavia, simbolicamente, aos olhos da sociedade e do Estado, seriam vistas como mais uma (possível) arma na luta desesperada contra o terrorismo.

No entendimento de Mariona Llobet Anglí, medidas extraordinárias de combate a "inimigos" apenas são legítimas quando um Estado se encontra em situação de guerra – respeitados os limites do direito de guerra. Contra o terrorismo, contudo, apenas se devem aplicar as medidas de Direito Penal comum, com os limites impostos e típicos de um Estado Democrático de Direito. Isso decorre, dentre outros, do

---

[156] CANCIO MELIÁ, Manuel. Algunas reflexiones preliminares sobre los delitos de terrorismo: eficacia y contaminación. In: DIAZ-MAROTO Y VILLAREJO, Julio. *Derecho y justicia penal en siglo XXI: liber amicorum* en homenaje al profesor Antonio González-Cuéllar García. Madrid: Editorial Colex, 2006. cap. 3, p. 491.

fato de que o terrorismo se configura em uma atividade ofensiva à vida, à integridade física, à liberdade das pessoas, dentre outros bens jurídicos, que também são atingidos por outras formas de crimes, os quais recebem o tratamento do Direito Penal, com respeito a todas as garantias constitucionais.[157]

Reforçando essa necessidade de respeito de limites no combate ao terrorismo, Javier Zaragoza Aguado afirma que o sistema espanhol de combate ao terrorismo permitiu investigar e julgar aquele que, talvez, tenha sido o maior ataque terrorista da Europa (o atentado de 11 de março de 2004, em Madrid), o que não se conseguiu em outros sistemas judiciais justamente porque esses outros sistemas não aplicaram a legalidade democrática, como a Espanha; não optaram por vias legais de combate; recorreram a respostar militares, de repressão selvagem, soluções impróprias a um Estado de Direito. O autor cita como exemplo dessa última forma de combate o caso dos Estados Unidos da América, com Guantánamo.[158]

Ainda conforme Javier Zaragoza Aguado, após o atentado em Madrid, a legislação espanhola antiterrorista não se alterou, de maneira que seguiu a Espanha aplicando uma legislação relativamente consolidada e garantista. O autor destaca quatro características dessa legislação:[159]

a) inexiste previsão de processo excepcional para casos de terrorismo, garantindo-se, no tratamento processual desse crime, todas as garantias básicas aplicáveis aos demais crimes (conquanto algumas peculiaridades isoladas);

b) a existência de um tribunal especializado para julgamento de casos de terrorismo (além de outras matérias, como crimes econômicos extremamente importantes, delitos cometidos no estrangeiro etc.): a Audiência Nacional;

c) aplicação da legislação ordinária aos casos de terrorismo, com restrições ou modificações pontuais;

d) especialidade nos tipos penais e na execução das penas (pena máxima de 40 anos, imprescritibilidade quando do terrorismo resulta morte, liberdade vigiada até 10 anos depois de cumprida a pena etc.).

---

[157] LLOBET ANGLÍ, Mariona. *Derecho penal del terrorismo*: límites de su punición en un Estado democrático. Madrid: La Ley, 2010. p. 140-141 e 145.

[158] ZARAGOZA AGUADO, Javier. Delitos de Terrorismo: aspectos sustantivos y procesales. In: JUANATEY DORADO, Carmen (Dir.). *El nuevo panorama del terrorismo en España*: perspectiva penal, penitenciaria y social. Alicante: Pubicaciones Universidad de Alicante, 2013. cap. 4. p. 101.

[159] Idem. p. 101-104.

Referindo-se à dicotomia entre escassez e excesso no combate ao terrorismo, conforme a reflexão de Fernando Reinares, citado por Manuel Cancio Meliá, a diferença entre as perspectivas políticas e jurídicas do fenômeno terrorista

"[...] genera[n] no pocas tensiones que afectan al conjunto de una política gubernamental antiterrorista susceptible así de oscilar, de acuerdo con la coyuntura, entre el defecto y el exceso. Entre, por una parte, cierta tendencia a trivializar el terrorismo, reduciéndolo al orden de lo meramente criminal, negando o minimizando así su vinculación a situaciones de conflictividad política y rechazando cualquier tratamiento singularizado del fenómeno que se distancie de los supuestos legales ordinarios. Por otra, actitudes inclinadas a exagerar las dimensiones del accionar terrorista y proclives a justificar un uso desproporcionado de la fuerza estatal en el control de dicha violencia".[160]

Deve-se primar, portanto, na tentativa de combate ao terrorismo, pela aplicação do Direito Penal, aliado a estratégias de investigação voltadas à identificação do grupo terrorista e neutralização de seu exercício. Ao inverso, é necessário evitar o tratamento do terrorismo como se ato de guerra fosse, assim evitando o apelo à atuação de exércitos estatais e respostas violentas em demasia, que apenas alimentam ainda mais o terrorismo, porquanto torna mais evidente o terrorismo, colaborando com a disseminação do sentimento de terror, e alimenta uma possível vontade de vingança do grupo criminoso.[161]

3.4. Terrorismo e manifestações sociais

A partir dos elementos caracterizadores do terrorismo expostos, pode-se distinguir com certa clareza os atos terroristas de manifestações sociais, mesmo aquelas que tomam proporções violentas, mas que não satisfazem todos os requisitos do terrorismo.

Em regra, as manifestações sociais objetivam provocar a alteração de alguma situação política, dirigindo-se o ato ao Estado, como exigência de soluções às reivindicações.

---

[160] CANCIO MELIÁ, Manuel. Algunas reflexiones preliminares sobre los delitos de terrorismo: eficacia y contaminación. In DIAZ-MAROTO Y VILLAREJO, Julio. *Derecho y justicia penal en siglo XXI: liber amicorum* en homenaje al profesor Antonio González-Cuéllar García. Madrid: Editorial Colex, 2006. cap. 3. p. 488.

[161] FERRAJOLI, Luigi. *Principia iuris*: teoria del diritto e della democrazia. 2. Teoria della democrazia. Itália, Bari: Ediroti Laterza, 2007, v. 2. p. 508-509.

Contudo, já em um primeiro momento, faz-se ausente, nas manifestações sociais reivindicatórias, a característica do discurso do terror. Por mais que algumas manifestações acarretem o sentimento de amedrontamento em pessoas, esse não é um objetivo do grupo manifestante como o é do grupo terrorista em sua instrumentalização das pessoas.

As manifestações sociais não objetivam disseminar o sentimento de terror ou medo na população civil. Ao contrário, em regra, desejam a população local ao seu lado, pois são identificados com eles e, muitas vezes, reivindicam em prol do grande grupo.

Quando expressada alguma violência em manifestações sociais (salienta-se, naquelas que não perdem essa natureza), é ela exercida contra o próprio Estado, geralmente ao seu patrimônio ou contra agentes que atuem em nome dele. Ainda, direcionando-se o ataque a bens públicos, conforme já exposto acima, não há que se considerar o ato como terrorismo, pois inexistente a violação a bem jurídico relevante o suficiente para tal configuração.

A mensagem da manifestação social, portanto, tende a ser enviada pelo grupo de pessoas diretamente ao Estado, sem perpassar pela manipulação de um grupo de pessoas como instrumento comunicacional, sendo inviável se falar em terrorismo nesse tipo de fenômeno social.

3.5. Terrorismo praticado pelo Estado

Encontramos ampla divergência doutrinária a respeito da possibilidade de prática de atos de terrorismo por um Estado. Manuel Cancio Meliá, em sua obra, opta por uma concepção de terrorismo restrita à atuação de grupos contrários a um Estado. Isto é, o terrorismo, para o autor, é considerado como ato de oposição ao Estado e, por isso, considera inaceitável a prática desse tipo de ato por órgãos estatais.[162]

Adotando posição inversa, Manuel Becerra Ramírez compreende o terrorismo de forma mais ampla, com a inclusão do terrorismo de Estado, que se verificaria quando um Estado ataca populações de outros Estados ou a sua própria população.[163]

---

[162] CANCIO MELIÁ, Manuel. *Los delitos de terrorismo: estructura típica e injusto*. Madrid: Editora Reus, 2010. p. 62.

[163] BECERRA RAMÍREZ, Manuel. El 11 de septiembre y el derecho internacional. In: VALDÉS UGALDE, José Luis; VALADÉS, Diego (Org.). *Globalidad y conflicto*: Estados Unidos y la crisis de septiembre. México: Instituto de Investigaciones Jurídicas, 2002. p. 259.

Da mesma forma, Pablo César Revilla Montoya afirma que o terrorismo pode ser utilizado tanto pelo Estado como por grupos assimétricos, pois, visto de uma maneira ampla, nada mais é o terrorismo do que um método político que utiliza da violência para alcançar certos fins.[164]

Mariona Llobet Anglí distingue, a esse respeito, três situações. Primeiro, aquela de países totalitários que realizam atentados contra a população civil, difundindo o sentimento de terror, com o objetivo de manutenção da ordem imposta e de seu poder. Nesse caso, entende dever ser qualificada a conduta em crimes como genocídio e de lesa-humanidade, mas não como terrorismo.[165]

Em segundo lugar, aborda a ação de Estados democráticos que recorrem a grupos armados para combater terroristas. Por inexistir, nesse caso, um governo como destinatário da mensagem (no sentido de alteração política), diz não existir atividade terrorista por parte do Estado.[166]

Por último, traz o que entende ser o verdadeiro caso de terrorismo de Estado, que ocorre quando um Estado presta assistência a um grupo terrorista (seja com auxílio financeiro, refúgio, disponibilização de campos de treinamento etc.), ou quando o próprio Estado constitui o grupo terrorista, ao coagir dirigentes de outros países através do ataque a sua população. Nesses casos, configurar-se-ia, respectivamente, o terrorismo patrocinado por um Estado ou um Estado terrorista.[167]

Para o tratamento penal do terrorismo, deve-se compreender aquele tipo de terrorismo qualificado como "violência do mais fraco" contra o "superior", o "terrorismo insurgente", ato de rebeldia contra o Estado, forma de terrorismo própria da atualidade.[168]

---

[164] REVILLA MONTOYA, Pablo César. *El terrorismo global*. Inicio, desafios y médios político-jurídicos de enfrentamiento. Anuario Mexicano de Derecho Internacional. México, vol. 5, p. 409, 2005.

[165] LLOBET ANGLÍ, Mariona. *Derecho penal del terrorismo*: límites de su punición en un Estado democrático. Madrid: La Ley, 2010. p. 112.

[166] Idem. p. 113.

[167] Idem. p. 116-117.

[168] CANCIO MELIÁ, Manuel. *Los delitos de terrorismo*: estructura típica e injusto. Madrid: Reus, 2010. p. 63.

4. A expansão do Direito Penal e o terrorismo

4.1. Um Direito Penal expansivo

Costuma-se, hoje, abordar o Direito Penal como uma ciência em crise. Mais do que isso, para Jesús-María Silva Sánchez, a crise representa um elemento intrínseco do Direito Penal, permanente à sua existência e motor de sua evolução.[169]

Nessa crise conhecida do Direito Penal é que se apresenta a discussão a respeito das transformações pelas quais o mesmo vem passando, resultando no que se conhece pelo fenômeno da expansão do Direito Penal.

Essa ampliação demasiada do Direito Penal toma por sinal característico, dentre tantos outros, a ânsia pela inclusão desmedida de condutas socialmente indesejadas no âmbito de atuação penal. Passado, então, o tempo de aceitabilidade de descriminalizações (presente até então no que doutrinariamente se conhece por "Direito Penal clássico"), o Direito Penal atual passa a ser demarcado por processos incriminadores.[170]

Como resultado desse processo "inflamatório" do Direito Penal, no qual cada vez mais condutas se tornam de sua competência, ao mesmo tempo em que se contrapõe um desgosto social pela descriminalização de condutas, decorre a constante ampliação da legislação penal, juntamente com a modificação de princípios básicos até então inquestionáveis,[171] com o enfraquecimento da efetividade da resposta

---

[169] SILVA SÁNCHEZ, Jesús-María. *Aproximación al derecho penal contemporáneo*. Barcelona: Jose Maria Bosch Editor, 1992. p. 13-14.

[170] Idem. p. 16.

[171] Ilustrativamente, veja-se o principio da *ultima ratio*, diante do recurso impulsivo e sem maiores estudos ao Direito Penal, que passa a se tornar, em alguns casos, a *prima ratio* da tutela jurídica. Do mesmo modo acontece com o princípio da necessidade, o princípio da legalidade, entre outros.

penal e, contraditoriamente, na crença de que o maior rigorismo desse ramo do Direito que já não apresenta resultados socialmente positivos em muitos casos seja a solução para sua própria deficiência.

Assim, a sociedade passa a clamar por respostas penais por parte do Estado para diversos problemas sociais aos quais se depara.

Nesse cenário atual, as decisões político-criminais têm tomado uma importância, no âmbito social, desconhecida até então.[172] Oferecendo um conceito de política criminal, Mirelle Delmas-Marty destaca: "[...] a política criminal compreende o *conjunto dos procedimentos pelos quais o corpo social organiza as respostas ao fenômeno criminal*, aparecendo, portanto, como 'teoria e prática das diferentes formas de controle social'."[173]

A política criminal não deve ser limitada às práticas penais como formas de controle social. Nesse campo de estudo político criminal, diversas são as manifestações referentes à reação e tentativa de controle do fenômeno criminal, dentre as quais se inserem algumas sanções administrativas, medidas preventivas diversas, protestos de setores nacionais e internacionais, entre outros.[174] Aliás, tem-se isso como consequência do fato de ser o Direito Penal um dos tantos instrumentos de controle social, junto, por exemplo, da família, da escola, dos grupos sociais e de outros ramos do próprio Direito.[175]

Por política criminal, portanto, deve-se compreender a análise de todas as formas de resposta ao crime, sendo o Direito Penal apenas um campo de relacionamento com a política criminal – que, todavia, vem sendo alçado a uma posição de destaque nessa relação.

Um dos fatores de destaque em razão do qual se desenvolve a expansão do Direito Penal é atribuído ao protagonismo dos meios de comunicação nas sociedades atuais, que passam a ser marcadas pela divulgação em tempo real de informações e, em certa medida, por equívocos em relação ao conteúdo das informações veiculadas nos meios midiáticos. Como consequência, produz-se um sentimento de aproximação geográfica entre as pessoas, de modo que acontecimentos diversos ocorridos em partes remotas do mundo passem gerar efeitos generalizados pelo simples fato de seu conhecimento. Isto é,

---

[172] DÍEZ RIPOLLÉS, José Luis. *La política criminal en la encrucijada*. Buenos Aires: B de F, 2007. p. 3-5.

[173] DELMAS-MARTY, Mirelle. *Os grandes sistemas de política criminal*. Tradução de Denise Radanovic Vieira. São Paulo: Manole, 2004. p. 3-4.

[174] Idem. p. 4.

[175] MIR PUIG, Santiago. *Derecho penal*: parte general. 7. ed. Barcelona: Editorial Reppertor, 2005. p. 49-50.

desimporta, muitas vezes, a possibilidade de que o acontecimento em local distante possa se estender ao local de divulgação da informação; o seu simples conhecimento é capaz de gerar o sentimento de medo no receptor da informação.

Em relação à política criminal, esse protagonismo midiático produz efeitos indesejáveis. Cada vez mais presentes nos noticiários, os temas político-criminais passam a ser abordados de forma irrefletida, sem o necessário debate prévio, sem a importante consulta a especialistas e, o que é ainda mais grave, com dados sujeitos à manipulação motivada por interesses mercadológicos ou de outra ordem.[176]

Nas palavras de Jacques A. Wainberg, são expressas as mesmas constatações sobre o reflexo do poder midiático atual: "[...] o papel da mídia em carregar a mente com imagens de um mundo hostil – mais hostil do que é – foi confirmado noutro estudo que revelou ser a sensação de medo do público resultado mais do noticiário televisivo do que propriamente dos indicadores de criminalidade pública".[177]

Dessa forma, em casos de atividades criminosas abordadas pela mídia, confere-se a falsa impressão de que vivenciamos uma crescente nas taxas de criminalidade (ou, ao menos, uma impressão exagerada), quando, na realidade, essa impressão mais se deve ao maior acesso à informação e a um conhecimento de mais casos.

Nessa lógica, Ana Isabel Pérez Cepeda aborda a falsa aparência da realidade provocada pela mídia no tocante ao terrorismo, concluindo que (ao menos, na época de publicação de seu estudo) a violência globalizada e de inspiração religiosa tem-se desenvolvido com taxas de mortalidade muito menores do que se costuma imaginar.[178]

Dessa forma, pode-se afirmar que não é necessariamente a crescente taxa de criminalidade que acarreta o sentimento de medo generalizado na sociedade, mas o conhecimento a respeito de fatos criminosos – isto é, o mero conhecimento, que pode se referir a informação inverídica. Na conceituação de Aristóteles, "Definamos o medo como uma forma de padecimento ou perturbação gerada pela representação de um mal vindouro de caráter destrutivo ou penoso".[179] Sendo, assim, o medo uma *representação* de um mal, deve-se

---

[176] DÍEZ RIPOLLÉS, José Luis. *Política criminal y derecho penal*: estudios. 2. ed. Valencia: Tirant lo Blanch, 2013. p. 46.

[177] WAINBERG, Jacques A. *Mídia e terror*: comunicação e violência política. São Paulo: Paulus, 2005. p. 31.

[178] PÉREZ CEPEDA, Ana Isabel. *La seguridad como fundamento de la deriva del Derecho penal postmoderno*. Madrid: Iustel, 2007. p. 162.

[179] ARISTÓTELES. *Retórica*. Tradução de Edson Bini. São Paulo: Edipro, 2011. p. 137.

concluir que nem sempre o sentimento de medo vai ser compatível com a realidade.

Essa é a conclusão de João Gualberto Garcez Ramos, para quem a imprensa possui o poder de incutir o temor de sofrer crimes patrimoniais até mesmo nas mais humildes camadas da população.[180]

A já citada tendência a criminalizações, a generalização do sentimento de medo e o recurso imoderado ao Direito Penal refletem o pensamento social dominante em matéria criminal, qual seja o de considerar benéfico o maior rigorismo penal e o de se ignorar o caráter social do delito, imperando visões de exclusão social e repulsa em relação ao delinquente.

Desse modo, algumas garantias penais e processuais penais asseguradas ao delinquente passam a ser malvistas, consideradas empecilhos à "necessária" aplicação da lei penal. Por esse motivo, a expansão do Direito Penal traz consigo, como outra de suas características, a relativização das garantias, consideradas que são, pelo senso comum, como vitórias dos criminosos e prejuízos às vítimas. É devido à expansão, então, a existência de uma flexibilização dos critérios dogmáticos de imputação e de garantias penais e processuais.[181]

O que se verificou com o desenvolvimento do fenômeno expansivo e com o pensamento social que o acompanhou foi uma transição de modelos, com a descrença no modelo penal ressocializador, instituindo-se um sistema penal calcado no valor da segurança cidadã.[182]

José Luis Díez Ripollés[183] expõe o que, para o autor, são as ideias motoras desse modelo de segurança cidadã, quais sejam:

a) diante do que considera o fracasso da tentativa de punição dos crimes próprios dos "poderosos", manifesta-se o retorno ao protagonismo da delinquência clássica (atentatória a bens individuais, como os delitos patrimoniais, contra a vida, contra a liberdade etc.) no Direito Penal;

b) a sociedade atual se encontra sob o domínio de um sentimento generalizado de insegurança, o que contribui para a consolidação da delinquência clássica. Essa sensação torna desacreditada a capacidade de medidas até então utilizadas na prevenção à delinquência,

---

[180] RAMOS, João Gualberto Garcez. *A inconstitucionalidade do "Direito Penal do Terror"*. Curitiba: Juruá, 1991. p. 12.

[181] PÉREZ CEPEDA, Ana Isabel. *La seguridad como fundamento de la deriva del Derecho penal postmoderno*. Madrid: Editora Iustel, 2007. p. 308.

[182] DÍEZ RIPOLLÉS, José Luis. *La política criminal en la encrucijada*. Buenos Aires: B de F, 2007. p. 67.

[183] Idem. p. 70-100.

instaurando um cenário de falta de compreensão em relação ao delito e ao delinquente. A imagem do delinquente como um ser socialmente desfavorecido cede espaço à visão de que o crime é questão de mera opção do agente, livre de fatores externos;

c) uma das mais notáveis manifestações do atual modelo penal é a crescente importância conferida aos interesses das vítimas. O antigo princípio da neutralização da vítima passa, assim, a ceder espaço a manifestações acaloradas e tendenciosas de quem foi, de alguma forma, atingido pelo delito.

Tal é a influência das vítimas e a falta de compreensão em relação ao delito que qualquer medida aparentemente favorável ao delinquente, em relação a garantias processuais por exemplo, passa a ser vista como uma perda para as vítimas;[184]

d) a atual legislação penal e a discussão político criminal têm sido tomadas por um fenômeno populista e de politização. Ou seja, procede-se a um afastamento da opinião dos especialistas em questões da delinquência, de maneira a que seja superestimada, especialmente no processo legislativo, a percepção da população no que se refere ao fenômeno criminal. Desse modo, sentimentos sociais passam a fundamentar decisões em matéria penal, muitas vezes não se questionando a compatibilidade entre esses sentimentos e a realidade.

Como consequência, verifica-se um empobrecimento do debate legislativo, da fundamentação e da necessidade de reformas penais e, inclusive, da adequação da aplicação legal a casos concretos.

Outra consequência do novo modelo penal é a instauração de uma função simbólica do Direito Penal, que já não se faz capaz de cumprir as funções clássicas às quais foi determinado. Jesús-María Silva Sánchez refere que é justamente da tendência moderna de incriminação que resulta, por vezes, uma legislação meramente simbólica ou retórica, dificilmente aplicável de maneira útil.[185]

A legislação penal simbólica refere-se a leis que, não sendo destinadas propriamente ao combate da delinquência, possuem a função de diminuir as inquietudes sociais em relação à criminalidade.[186] A respeito do tema, veja-se a lição de Ana Isabel Pérez Cepeda:

---

[184] DÍEZ RIPOLLÉS, José Luis. *La política criminal en la encrucijada*. Buenos Aires: B de F, 2007. p. 77.

[185] SILVA SÁNCHEZ, Jesús-María. *Aproximación al derecho penal contemporáneo*. Barcelona: Jose Maria Bosch Editor, 1992. p. 16.

[186] DÍEZ RIPOLLÉS, José Luis. Op. cit. p. 76.

"La aparición de nuevos riesgos y la creciente demanda de prevención penal ante ellos constituyen, sin duda, un terreno abonado para la proliferación de tipos penales de improbable aplicación, *cuya única finalidad consiste en satisfacer las demandas sociales*".[187]

Na lógica expansionista, o Direito Penal deixa sua postura de asseguramento do "mínimo ético",[188] para adotar uma postura de controle de perturbações sociais ou estatais. Winfried Hassemer trata dessa alteração como o abandono da concepção liberal do Direito Penal, que passa a se preocupar em guarnecer políticas de subsídios, o meio ambiente, a saúde, as relações internacionais, com uma preocupação elevada em relação à prevenção de situações problemas.[189] Assim, conforme o mesmo autor, o Direito Penal simbólico pode ser considerado como um dos fenômenos da crise do Direito Penal.[190]

Quando se trata do Direito Penal simbólico, deve-se compreender o que se está a dizer por esse termo, para que se possa compreender a crítica a ele endereçada e lhe conferir um adequado tratamento dentro da teoria penal.

A complexidade do termo surge já na constatação de que o Direito Penal, como um todo, jamais pode ser considerado como de efeitos meramente simbólicos. Verdadeiramente, sob uma primeira aproximação, os efeitos da tutela penal (prisão privativa de liberdade, pena pecuniária, obrigação de comparecimento em juízo, custos sociais do sistema penal etc.) nada possuem de simbólico. O processar, condenar e penalizar não podem ser tratados como meros símbolos, pois seus efeitos reais são evidentes (efeitos sociais, políticos, econômicos, individuais etc.).[191]

Somando-se ao problema, deve-se perceber que, apesar de todos esses efeitos, o sistema penal sempre se usou de efeitos simbólicos,[192]

---

[187] PÉREZ CEPEDA, Ana Isabel. *La seguridad como fundamento de la deriva del Derecho penal postmoderno*. Madrid: Editora Iustel, 2007. p. 333.

[188] Conquanto a ressalva de Massimo Donini, de que o Direito Penal tradicional ou clássico desenvolveria a função de estabilização das condições essenciais para a manutenção da sociedade, não só assegurando o "mínimo ético". (DONINI, Massimo. *El Derecho Penal frente a los desafíos de la modernidad*. Perú: ARA Editores, 2010. p. 25-26).

[189] HASSEMER, Winfried. *Direito penal*: fundamentos, estrutura, política. Organização e revisão de Carlos Eduardo de Oliveira. Tradução de Adriana Beckman Meirelles *et al*. Porto Alegre: Sergio Antonio Fabris, 2008. p. 227.

[190] Idem. p. 222.

[191] Idem. p. 209-210.

[192] DÍEZ RIPOLLÉS, José Luis. *Política criminal y derecho penal*: estudios. 2. ed. Valencia: Tirant lo Blanch, 2013. p. 47.

especialmente em se considerando os estudos até então desenvolvidos a respeito das teorias da pena.

Deve-se, então, compreender o que se pretende nomear por "simbolismo penal", mesmo se reconhecendo os efeitos não simbólicos do Direito Penal e o próprio uso legítimo de simbolismos em seu desenvolvimento histórico.

Na lição de José Luis Díez Ripollés, o simbolismo penal atua decisivamente no âmbito legislativo, fazendo com que o legislador pretenda refletir na legislação penal o atual estado de ânimo social, a opinião coletiva a respeito de determinada realidade, raciocínio privado de qualquer análise a respeito da verdadeira capacidade da medida em solucionar o problema para o qual se dirige (ou deveria se dirigir).[193]

Tomando-se esse conceito, tem-se que o elemento nuclear do caráter simbólico do Direito Penal, que vem a tornar possível sua crítica, é o fenômeno da ilusão, da discrepância entre realidade e aparência, que dissimula a efetividade penal.[194]

A norma penal possui duas classes de funções primordiais: as funções manifestas, consubstanciadas nas concretizações que a própria norma se declara cumprir, como sendo as funções disseminadas discursivamente ao exterior da norma (casos regulados ou bens jurídicos elegidos para proteção); e as funções latentes, representadas pela "[...] satisfação de uma 'necessidade de ação' presente, a um apaziguamento da população, até a demonstração de um Estado forte".[195] Assim, a prevalência das funções latentes da norma resulta no que se denomina como "ilusão", não se podendo confiar nos objetivos declarados pela norma. Ou seja, Winfried Hassemer aponta a ilusão originária do simbolismo como a prevalência de uma função política da norma, em prejuízo da tutela de bens jurídicos.[196]

Além de prometer o alívio social em relação à prevenção de alguma situação problemática, o Direito Penal simbólico realiza esse alívio, transmitindo a imagem de um legislador bem-sucedido.[197]

Entre todas as modificações do Direito Penal, especialmente nas decisões de agravamento do tratamento penal, no aumento de seu

---

[193] DÍEZ RIPOLLÉS, José Luis. *Política criminal y derecho penal*: estudios. 2. ed. Valencia: Tirant lo Blanch, 2013. p. 47.

[194] HASSEMER, Winfried. *Direito penal*: fundamentos, estrutura, política. Organização e revisão de Carlos Eduardo de Oliveira. Tradução de Adriana Beckman Meirelles et al. Porto Alegre: Sergio Antonio Fabris, 2008. p. 220.

[195] Idem. p. 221.

[196] Idem. p. 220-221.

[197] Idem. p. 229.

rigorismo, da busca por punições mais severas, é em relação ao terrorismo que tais tendências tendem a se exaltar.

Como até então se compreendia, no ensinamento de Gabriela Bravo Sanestanislao, os direitos humanos devem ser tomados como o limite da atuação estatal. O estado se encontra submetido ao Direito e não pode exercer seu poder fora dele. Esse é o limite imposto pelo modelo constitucionalista. Todavia, com os atentados terroristas de 2001 (Estados Unidos), 2004 (Madrid) e 2005 (Londres), houve uma mudança drástica nas legislações antiterroristas.[198]

Passou-se a outorgar o caráter de direito fundamental à segurança coletiva, restringindo-se direitos fundamentais clássicos de garantia do cidadão, passando-se a adotar um Direito Penal do inimigo, que apregoa castigar determinados comportamentos sob o argumento de que seu autor é perigoso, hostil, que oferece risco aos demais. Após o ataque de 11 de setembro, nos Estados Unidos, as leis antiterroristas deixam de adotar modelo preventivo e adotam modelo proativo: busca-se dotar o Estado de poder suficiente para combater perigos terroristas e demais perigos surgidos com a "sociedade de risco".[199]

Contudo, o terrorismo não deve ser tomado em consideração senão com a consciência de sua complexidade. Desse modo, um enfoque de combate exclusivamente penal ao fenômeno terrorista (como já mencionado) é insuficiente ao tratamento do problema.

Consciente disso, Antonio Camacho Vizcaíno considerando o terrorismo como um dos principais desafios atuais, refere que uma estratégia de luta contra o terrorismo deve ter múltiplos objetivos. Todavia, essencialmente, aponta três: prevenir as ações terroristas, fazer desaparecer os grupos terroristas e conscientizar as minorias fanáticas de que o único meio de alcançar seus objetivos é o da democracia.[200]

Ainda na lição desse autor, diante da situação de insegurança e medo que se disseminou na sociedade, o Estado pretendeu oferecer uma solução rápida ao terrorismo. Surgiram, então, duas correntes: a primeira, estruturando o combate ao terrorismo com respeito aos postulados do Estado de Direito, utilizando-se de meios tradicionais e se fundamentando na ideia de cooperação (cooperação policial, política,

---

[198] BRAVO SANESTANISLAO, Gabriela. Presentación. In: JUANATEY DORADO, Carmen (Dir.). *El nuevo panorama del terrorismo en España*: perspectiva penal, penitenciaria y social. Alicante: Pubicaciones Universidad de Alicante, 2013. cap. 1, p. 20.

[199] Idem. p. 21.

[200] CAMACHO VIZCAÍNO, Antonio. Conferencia inaugural. In: JUANATEY DORADO, Carmen (Dir.). *El nuevo panorama del terrorismo en España*: perspectiva penal, penitenciaria y social. Alicante: Pubicaciones Universidad de Alicante, 2013. cap. 2, p. 25.

judicial, internacional etc.), em conformidade com o paradigma da complexidade; a segunda corrente, esqueceu-se dos princípios do Estado de Direito, acreditando que somente se poderia combater o terrorismo por meio de restrições dos direitos dos cidadãos. Como exemplo dessa segunda corrente, cita a "Patriot Act" norte-americana.[201]

4.2. O terrorista como inimigo: expansionismo penal?

Se o terrorismo, como anteriormente exposto, é precisamente a negação da política, o terrorista pode ser considerado um inimigo de Estado. Perceba-se que os terroristas se interessam muito pelo linguajar militarizado e pelos modos de comportamento e de atuação correspondentes; seus atentados são "ações ou operações", seus presos são prisioneiros que formam exércitos.[202] Esta provocação do poder parte de uma concreta estratégia política, visa, antes de tudo, a obter uma mudança no *status* político, um câmbio de *status* simbólico, sendo reconhecidos como beligerantes e, por conseguinte, aumentando sua influência social no seu campo,[203] já que assim alcançam um equivalente funcional à força propriamente militar, a qual, à evidência, não possuem.

A doutrina do Direito Penal do Inimigo, propugnada por Jakobs, leva em consideração a tomada de decisão reiterada e permanente de rompimento com o ordenamento jurídico, classificando assim, seu autor, em uma não pessoa no sentido normativo, para quem o não Direito se aplica, como se verificou em Guantánamo, por exemplo. A respeito, refere Elisangela Melo Reghelin:

"A guerra pode existir dentro desta sociedade, mas também a guerra deve ser regulada e coincidir com o processo penal. Imaginar um indivíduo fora deste estado civil, sob a ameaça de um Direito Penal do inimigo que não precisa respeitar garantias nem possui limites de ação, para nós é inaceitável. Claro que este Direito Penal do inimigo implica "un comportamiento desarrollado y basado en reglas, en lugar de una conducta espontánea e impulsiva". Não obstante, no plano do ser, encontramos muitas legisla-

---

[201] CAMACHO VIZCAÍNO, Antonio. Conferencia inaugural. In: JUANATEY DORADO, Carmen (Dir.). *El nuevo panorama del terrorismo en España*: perspectiva penal, penitenciaria y social. Alicante: Pubicaciones Universidad de Alicante, 2013. cap. 2, p. 28.

[202] CANCIO MELIÁ, Manuel. Internacionalización del Derecho Penal y de la Política Criminal. In: CANCIO MELIÁ, Manuel. *Estudios de Derecho Penal*. Lima: Palestra, 2010, p. 487-508, p. 502.

[203] CANCIO MELIÁ, Manuel. Terrorismo y Derecho Penal: sueño de la prevención, pesadilla del Estado de Derecho. In: CANCIO MELIÁ, Manuel; POZUELO PÉREZ, Laura (Coords.). *Política criminal en vanguardia*: Inmigración clandestina, Terrorismo, Criminalidad Organizada. Navarra: Thomson-Civitas, 2008, p. 307-324. p. 317.

ções sobre terrorismo contemplando medidas do Direito Penal do inimigo, ainda que reste a esperança de que isto não assuma caráter constitucional, porque não cumpre os critérios de legitimidade exigidos para tal, antes pelo contrário, viola todos ou quase todos os princípios constitucionais. Por outro lado, é preciso entender, como observa Gracía Martín, que ainda não há qualquer referência à diminuição de garantias processuais para os inimigos, 'isso tem que ser uma consequência necessária se levarmos em conta que esta é talvez a característica mais pronunciada do Direito Penal do inimigo nas concepções atuais'. E o fim de tudo isso não é a imposição de uma pena, senão de uma vingança, e uma vingança em um estado de guerra, geralmente, não admite garantias".[204]

Terroristas e delinquentes sexuais são, assim, rotulados por Günther Jakobs como inimigos. Segundo Jesús-María Silva Sánchez, o Direito Penal, neste caso, seria definido como de Terceira Velocidade, ou seja, um Direito Penal sem garantias, sem as mesmas formalidades, com penas mais drásticas, ultrapassando-se os limites do Direito Penal tradicional (considerado de Primeira Velocidade). A aproximação entre ambos os conceitos é nítida. Assim, para aqueles que não possuem capacidade de automotivação conforme o ordenamento e não apresentarem segurança cognitiva mínima, o não Direito, a Terceira Velocidade, com tudo o que isto representa em termos de adiantamento das barreiras punitivas, proliferação de categorias de partícipes, regras de imputação menos rigorosas, antecipando-se a intervenção penal a fases prévias à execução do delito, reduzindo-se ou eliminando-se garantias penais e processuais em geral, em nome da lesividade que tais comportamentos representam e que explicam o fato de a sociedade se dispor a renunciar a certas cotas de liberdade visando ao reforço da sua segurança.[205]

Para Jesús-María Silva Sánchez, o inimigo desenvolvido por Günther Jakobs é aquele indivíduo que abandonou o Direito de maneira duradoura e não incidental pelo seu comportamento, por sua ocupação profissional, por sua vinculação a uma organização. É aquele que não oferece a garantia cognitiva de seu comportamento pessoal.[206]

Antes de simplesmente condenar a proposta de terceira velocidade, Silva Sanchez o admite, com ressalvas, em situações extremas[207]

---

[204] REGHELIN, Elisangela Melo. Entre terroristas e inimigos... In: *Revista Brasileira de Ciências Criminais*, n. 66, mai-jun 2007, pp. 271-314, p. 276-277.

[205] DÍEZ RIPOLLÉS, José Luis. *La política criminal en la encrucijada*. Buenos Aires: IBdeF, 2007.

[206] SILVA SÁNCHEZ, Jesús María. *La expansión del Derecho Penal*: aspectos de la política criminal en las sociedades postindustriales. Buenos Aires: IBdeF, 2008, p. 164.

[207] Idem, p. 187-188.

desde que por razões de "eficácia", em casos de "absoluta necessidade, e de forma subsidiária", embora reconheça que este "mal", que deveria ser apenas um "mal menor", já esteja se convertendo em uma espécie de "perene emergência"; ou seja, de exceção que se torna regra.

Nesse sentido, verifica-se que esse modelo de Direito Penal, voltado ao Inimigo, possui características presentes em um verdadeiro Estado de exceção, incompatível com o modelo de Estado de Direito. O Direito Penal do Inimigo, acima de tudo, se caracteriza pela transposição, pelo Estado, dos limites impostos a si no exercício do poder punitivo, configurando-se uma prática marcadamente excepcional da punição.

O Estado de exceção, nesse aspecto, é considerado como a capacidade que se reserva o Estado de ampliação da violência estatal com a suspensão ou, até mesmo, violação da lei, o que pode ocorrer, por exemplo, em "estados de sítio" ou "estados de emergência". Apesar dessa identificação do estado de exceção com as situações pontuais e transitórias mencionadas, nem sempre ele se verifica em momentos excepcionais de perigo à ordem estabelecida. Atualmente, pode-se constatar a presença do estado de exceção como "norma" de tratamento de partes específicas da sociedade, como, nos exemplos oferecidos por Pilar Calveiro, os grupos indígenas, os acusados de terrorismo ou de tráfico de drogas etc.,[208] destacando-se o terrorismo como principal fenômeno propulsor da teoria do Direito Penal do Inimigo, verdadeiro Direito Penal excepcional tendente a tornar-se permanente.

Citando um exemplo de estado de exceção permanente, Giorgio Agamben aponta o período do Terceiro Reich alemão, no qual Adolf Hitler promulgou, assim que tomou o poder do Estado alemão, o "Decreto para a proteção do povo e do Estado", suspendendo dispositivos da Constituição de Weimar referentes a liberdades individuais. A medida, a princípio transitória, não foi revogada e esse estado de exceção perdurou por doze anos.[209]

Casos como esse constituem Estados de exceção que se ordinarizam e se convertem em "exceção perpétua",[210] caracterizando-se pela prática da atribuição a parte da sociedade do *status* de excluídos, aqueles que não possuem bens e tutela do Direito ou que, os possuindo,

---

[208] CALVEIRO, Pilar. Estado, Estado de excepción y violencia. *Revista de Ciencias Sociales*. Montevidéu, n. 24, ano XXI, p. 96-97, 2008.

[209] AGAMBEN, Giorgio. *Estado de exceção*. Tradução de Iraci D. Poleti. 2. ed. São Paulo: Boitempo, 2004. p. 12-13.

[210] ZAFFARONI, Eugenio Raúl. *O inimigo no direito penal*. 3. ed. Trad. De Sérgio Lamarão. Rio de Janeiro: Revan, 2011. p. 14.

podem ser despojados deles (inclusive da própria vida), classificados por Pilar Calveiro de "prescindíveis-perigosos".[211]

Portanto, junto dos limites da atuação do poder estatal (característicos do Estado de Direito), encontram-se espaços de exceção nos quais a proteção legal resta suspensa para dar lugar a diferentes intensidades e formas de violência estatal, legitimadas pela criação de figuras como a de "combatentes Inimigos", os quais devem ser enfrentados em nome da segurança nacional.[212]

Como exemplo desse espaço de exceção Giorgio Agamben menciona o USA Patriot Act, promulgado pelo Senado estadunidense, cuja inovação estava em produzir o que o autor apontou como um "ser juridicamente inominável e inclassificável", em razão da anulação de todo o seu estatuto jurídico.[213]

Nesse sistema de exceção, destacam-se as legislações marcadas pelos ideários de segurança nacional ou segurança cidadã, qualificações que Francisco Muñoz Conde entende serem próprias de Estados autoritários, utilizadas como pretexto para a restrição de direitos fundamentais, declarada essa restrição como necessária para uma maior proteção da paz social.[214]

Dessa forma, a prática da exceção conduz a uma involução no ordenamento punitivo, promovendo a adoção de práticas e institutos penais ultrapassados e incompatíveis com o sistema penal vigente em um Estado de Direito.[215]

No caso do Direito Penal do Inimigo, concebe-se um verdadeiro Direito Penal de exceção, caracterizado por Luigi Ferrajoli em dois aspectos: "[...] a legislação de exceção em relação à Constituição e, portanto, a mutação legal das regras do jogo; a jurisdição de exceção, por sua vez degradada em relação à mesma legalidade alterada".[216]

Pode-se perceber que o Estado de Direito dificilmente admite distinções como a proposta por Günther Jakobs, que criam sujeitos

---

[211] CALVEIRO, Pilar. Estado, Estado de excepción y violencia. *Revista de Ciencias Sociales*. Montevidéu, n. 24, ano XXI, 2008. p. 97.

[212] Idem, p. 98.

[213] AGAMBEN, Giorgio. *Estado de exceção*. Tradução de Iraci D. Poleti. 2. ed. São Paulo: Boitempo, 2004. p. 12-14.

[214] MUÑOZ CONDE, Francisco. La generalización del derecho penal de excepción: tendencias legislativas y doctrinales: entre la tolerancia cero y el derecho penal del enemigo. *Revista Ciencia Jurídica*. Chile, n. 1, ano 1, p. 115, 2011.

[215] FERRAJOLI, Luigi. *Direito e razão*: teoria do garantismo penal. Tradução de Ana Paula Zomer Sica, Fauzi Hassan Choukr, Juarez Tavares e Luiz Flávio Gomes. 3. ed. São Paulo: Revista dos Tribunais, 2010. p. 746.

[216] Idem. p. 747.

com distintos níveis de respeito e proteção jurídicos, pois as garantias fundamentais próprias do Direito Penal e Direito Processual Penal são irrenunciáveis nesse modelo de Estado de Direito.[217]

Nesse sentido, Francisco Muñoz Conde identifica o Direito Penal do Inimigo como um tipo de Direito Penal excepcional violador de princípios próprios do Estado de Direito, como o da legalidade, da proporcionalidade, da culpabilidade e, principalmente, de princípios processuais como o da presunção de inocência e do devido processo legal.[218]

Nesse Direito Penal do Inimigo, a lógica do Estado de Direito é sacrificada em prol de medidas destinadas à proteção do Estado a todo custo, não mais havendo a limitação da atuação estatal pelas regras jurídicas ordinárias. Ou seja, nos moldes do Direito Penal do Inimigo, tem-se um puro Direito de Estado, no qual os interesses do Estado sujeitam do próprio Direito.[219] Desse modo, o Direito é o que convém ao Estado em dado momento, sendo o pior possível para seus Inimigos.[220]

Essa "razão de Estado" concebe o próprio Estado como fim, subordinando os meios a serem utilizados (indeterminados e não reguláveis) aos fins políticos. Nesse caso, os meios jurídicos disponíveis à perseguição dos fins políticos são flexíveis, manipuláveis pelo arbítrio do titular do poder estatal. Ao contrário, o "Estado de direito" surge como teoria voltada à priorização da subordinação dos fins políticos ao respeito aos meios jurídicos disponíveis para tanto, vinculados à limitação legal. Não mais como próprio *fim* fundado em si mesmo, o Estado passa a ser *meio* fundado na tutela de direitos fundamentais das pessoas e sujeito a regras constitucionais rígidas.[221]

Nesse embate entre "razão de Estado" e "Estado de Direito", a primeira se apresenta com uma força de legitimação política até

---

[217] MUÑOZ CONDE, Francisco. La generalización del derecho penal de excepción: tendencias legislativas y doctrinales: entre la tolerancia cero y el derecho penal del enemigo. *Revista Ciencia Jurídica*. Chile, n. 1, ano 1, 2011. p. 134.

[218] Idem. p. 127.

[219] Adverte-se, com Francisco Muñoz Conde, que não se sabe se Günther Jakobs, defensor do Direito Penal do inimigo, concordaria com um Direito Penal fundamentado unicamente em uma razão de Estado. Contudo, é possível se chegar à defesa da razão de Estado como fundamentação do Direito Penal se utilizando da lógica de distinção entre cidadão e inimigo. (Idem. p. 135).

[220] Idem. p. 134.

[221] FERRAJOLI, Luigi. *Direito e razão*: teoria do garantismo penal. Tradução de Ana Paula Zomer Sica, Fauzi Hassan Choukr, Juarez Tavares e Luiz Flávio Gomes. 3. ed. São Paulo: Revista dos Tribunais, 2010. p. 753.

mesmo maior do que nos Estados absolutos ou totalitários, conforme entendimento de Luigi Ferrajoli:

"[...] seja porque o Estado que a tutela é o Estado valorado como 'democrático' ou 'constitucional' ou 'de direito', seja porque a mutação dos meios legais é apresentada não já como praxe ordinária de governo, mas como medida excepcional para afrontar o risco da sua eversão. Mas é claro que a contradição se dá em termos: a ruptura das regras do jogo se dá, de fato, neste caso, invocando a tutela das mesmas regras do jogo; O Estado de direito é defendido mediante sua negação".[222]

Há, então, uma mutação da fonte de legitimação externa do Direito Penal, passando essa função (de legitimar o Direito Penal) a ser exercida não mais pelas regras do Estado de Direito, com seus vínculos garantistas, mas pela razão de Estado e sua supremacia ao objetivo de luta contra a criminalidade.[223]

Nesse caminhar, a ânsia de combate ao crime em um Estado de Direito torna possível a implementação de medidas excepcionais, contrárias ao próprio Estado de Direito ao qual visa proteger, instituindo-se um verdadeiro Estado de exceção permanente em relação a determinados tipos de delitos ou a determinadas classes de pessoas, como ocorre, por exemplo, com o delito de terrorismo (ou com o estereótipo "sujeito terrorista").

Dessa forma, o Direito Penal do Inimigo representa um típico Direito de exceção, violador de princípios inerentes ao Estado de Direito e, por isso, inaplicável nesse modelo de Estado, mesmo que sob o pretexto de sua conservação.

---

[222] FERRAJOLI, Luigi. *Direito e razão*: teoria do garantismo penal. Tradução de Ana Paula Zomer Sica, Fauzi Hassan Choukr, Juarez Tavares e Luiz Flávio Gomes. 3. ed. São Paulo: Revista dos Tribunais, 2010. p. 753.

[223] Idem. p. 754.

5. Comentários à Lei nº 13.260, de 16 de março de 2016

Por tudo o que foi desenvolvido no transcorrer desse trabalho, pode-se considerar demonstrada a complexidade do fenômeno do terrorismo, não sendo fácil a tarefa dos Estados em lidar com esse tipo de ato.[224]

Nesse sentido, assumindo-se a inafastável decisão do Estado brasileiro em conferir um tratamento penal ao terrorismo,[225] com a criação de um complexo normativo voltado a esse fim, apresenta-se relevante o estudo crítico da Lei nº 13.260, de 16 de março de 2016, que tipificou o terrorismo.

---

[224] A esse respeito, demonstrando a dúvida presente no tratamento do crime de terrorismo, destaca-se a seguinte exposição da Senadora Lídice da Mata, constante na ata da 4ª reunião da Comissão responsável pela análise da proposta de reforma do Código Penal, realizada em 21 de agosto de 2012: "Eu queria fazer uma pergunta: por que a caracterização do crime de terrorismo? Nós temos uma Lei de Segurança Nacional que vem da ditadura militar e que continua sendo aplicada no Brasil. A definição do crime de terrorismo, num país onde não há nenhuma tradição nisso, chama-me a atenção para a forma como isso vai ser usado, Dr. Fernando. De que forma se pretende usar? De que maneira isso pode ser usado contra a sociedade organizada, contra os movimentos organizados no Brasil? Porque o Brasil que venceu o poder autoritário foi o Brasil que se organizou nos sindicatos, rompendo as leis autoritárias. Assim se deram todas as transformações no mundo, aliás. Então, preocupa-me a caracterização do crime de terrorismo no Código Penal, se ele não está claramente determinado, se é vago, se é subjetivo para o jugo de um juiz. [...] O que é um crime de terrorismo? É um assalto a banco? Isso é um crime de terrorismo? Um assalto a uma casa é um crime de terrorismo? Uma manifestação de movimentos sociais fortes aterroriza pessoas? Certamente que sim. Então, creio que essa é uma questão que precisa ser vista pelo Sr. Relator para que nós possamos chegar – se ela tiver que estar no Código – a uma definição muito precisa para que não se repita, num código que surge numa sociedade democrática, uma legislação que tem inspiração naquilo de mais antidemocrático, que foram os momentos que o Brasil viveu, seja no período da ditadura de Vargas, seja no período mais recente, da ditadura militar." (BRASIL. Projeto de Lei do Senado nº 236/2012. Brasília, DF: Senado Federal. Disponível em: <http://www.senado.gov.br/atividade/materia/getPDF.asp?t=113804&tp=1>, acesso: 07/01/2014)

[225] Conforme exposto no relatório da Comissão de Constituição e Justiça, da 57ª Reunião Extraordinária realizada no projeto de reforma do Código Penal, de relatoria do Senador Vital do Rêgo: "A criminalização dessa conduta não é uma opção do legislador, mas um dever de legislar imposto pelo inciso XLIII do art. 5º da Constituição Federal (CF), de modo que entendemos deva ser mantida a redação do Substitutivo." (BRASIL. Projeto de Lei do Senado nº 236/2012. Brasília, DF: Senado Federal. Disponível em: <http://www.senado.leg.br/atividade/rotinas/materia/getTexto.asp?t=158984&c=PDF&tp=1>. Acesso em: 13.out.2015.)

A Lei nº 13.260/2016, originada do Projeto de Lei da Câmara de nº 2016, de 2015,[226] de iniciativa da Presidente da República e que tramitou em regime de urgência, estipula diversos crimes relacionados com o terrorismo.

Para além dos diversos elementos desarrazoados e de improvável aplicação efetiva dessa Lei, a mesma apresenta em seu núcleo (a verdadeira razão de sua existência) a tipificação do crime de terrorismo, conforme disposto em seu artigo segundo:

"Art. 2º O terrorismo consiste na prática por um ou mais indivíduos dos atos previstos neste artigo, por razões de xenofobia, discriminação ou preconceito de raça, cor, etnia e religião, quando cometidos com a finalidade de provocar terror social ou generalizado, expondo a perigo pessoa, patrimônio, a paz pública ou a incolumidade pública.

§ 1º São atos de terrorismo:

I – usar ou ameaçar usar, transportar, guardar, portar ou trazer consigo explosivos, gases tóxicos, venenos, conteúdos biológicos, químicos, nucleares ou outros meios capazes de causar danos ou promover destruição em massa;

II – (VETADO);

III – (VETADO)

IV – sabotar o funcionamento ou apoderar-se, com violência, grave ameaça a pessoa ou servindo-se de mecanismos cibernéticos, do controle total ou parcial, ainda que de modo temporário, de meio de comunicação ou de transporte, de portos, aeroportos, estações ferroviárias ou rodoviárias, hospitais, casas de saúde, escolas, estádios esportivos, instalações públicas ou locais onde funcionem serviços públicos essenciais, instalações de geração ou transmissão de energia, instalações militares, instalações de exploração, refino e processamento de petróleo e gás e instituições bancárias e sua rede de atendimento;

V – atentar contra a vida ou a integridade física de pessoa:

Pena – reclusão, de doze a trinta anos, além das sanções correspondentes à ameaça ou à violência.

---

[226] "Regulamenta o disposto no inciso XLIII do art. 5º da Constituição Federal, disciplinando o terrorismo, tratando de disposições investigatórias e processuais e reformulando o conceito de organização terrorista; e altera as Leis nºs 7.960, de 21 de dezembro de 1989, e 12.850, de 2 de agosto de 2013." (BRASIL. Projeto de Lei da Câmara nº 101/2015. Brasília, DF: Senado Federal. Disponível em: < http://www.camara.gov.br/proposicoesWeb/prop_mostrarintegra;jsessioni d=EC6AC266795DA0B196F14CD263E83C6C.proposicoesWeb2?codteor=1373970&filename=Tr amitacao-PL+2016/2015>. Acesso em: 25.fev.2016).

§ 2º O disposto neste artigo não se aplica à conduta individual ou coletiva de pessoas em manifestações políticas, movimentos sociais, sindicais, religiosos, de classe ou de categoria profissional, direcionados por propósitos sociais ou reivindicatórios, visando a contestar, criticar, protestar ou apoiar, com o objetivo de defender direitos, garantias e liberdades constitucionais, sem prejuízo da tipificação penal contida em lei."

A redação do tipo penal de terrorismo da Lei 13.260/2016 não foge à tendência geral de reconhecimento do elemento essencial do crime de terrorismo, qual seja a mensagem de terror. Ao referir, em seu *caput*, que ocorrerá o ato de terrorismo quando a conduta for voltada à "[...] finalidade de provocar terror social ou generalizado", a Lei reconhece o caráter preponderantemente comunicacional do terrorismo, além da indiscriminação ou aleatoriedade desse efeito, pois não pessoaliza o alvo da mensagem de terror, direcionada à população em geral.

Pela redação do *caput* do artigo 2º, não se exige que o sentimento de terror seja realmente difundido em um número indeterminado de pessoas, bastando que seja essa a finalidade do ato terrorista. Todavia, deve-se exigir que o ato praticado seja, ao menos, capaz de alcançar essa finalidade, sob pena de caracterização de crime impossível.

Ainda, a difusão do sentimento de terror não constitui uma mera circunstância objetiva, independente da vontade do agente. Ao contrário, deve ser o objetivo primeiro ou imediato do agente (e, portanto, desejado por ele) a provocação do sentimento de terror, pois o discurso do terror é o meio eleito pelo sujeito para o alcance da finalidade última do ato (por exemplo, uma finalidade política).

O artigo 2º da Lei se utiliza, para conceituar o terrorismo, da especificação de dois elementos já referidos anteriormente: o elemento estrutural (a forma de configuração e atuação) e o elemento teleológico (os fins pretendidos com o ato).

5.1. Elemento estrutural

a) Condutas / delitos-meios

As condutas típicas capazes de configurar o crime de terrorismo são estabelecidas nos incisos do § 1º do artigo 2º, tratando-se de um crime de ações múltiplas.

Muitas das condutas discriminadas nesse artigo já são incriminadas atualmente. Nesses casos, verificar-se-ia um conflito aparente de normas penais, que seria solucionado pelo princípio da consunção, pois as condutas descritas no tipo penal de terrorismo são meios necessários à consumação do crime, concluindo-se que o crime-fim (terrorismo) restaria por absorver os delitos que consubstanciam fase necessária de sua consumação, evitando-se uma dupla punição do agente e a preservação do princípio *ne bis in idem*.

Todavia, em seu preceito secundário, ao estabelecer a pena aplicável ao crime de terrorismo, o tipo penal faz ressalva à aplicação da sanção correspondente à ameaça ou à violência, além da aplicação da sanção decorrente do ato de terrorismo ("Pena – reclusão, de doze a trinta anos, além das sanções correspondentes à ameaça ou à violência"). O que se tem, portanto, é uma concorrência de leis, devendo-se aplicar o tipo penal de terrorismo concomitantemente ao tipo penal referente à ameaça ou violência, se devidamente tipificado.

Nesse ponto, não estamos de acordo que isso seja possível, pois, como já mencionado, ficaria afastado o princípio da consunção que resolve o conflito aparente de normas. Se os crimes-meios (violência ou ameaça) são um rito de passagem para o crime-fim (terrorismo), não deveria ser possível que o autor que pratique o terrorismo seja duplamente punido. Isso contraria as regras de aplicação do Direito Penal, e a dupla incriminação não pode ser aplicada.

Na sistemática adotada pela legislação, se ausente o elemento especial do terrorismo (finalidade de provocar terror social ou generalizado), remanescerá a possibilidade de punição unicamente pela conduta criminosa simples, meio para a prática do terrorismo.

Nos incisos I a V do § 1º do artigo 2º da Lei, são descritas as condutas por meio das quais o ato terrorista será realizado, podendo-se notar a tendência à descrição de atos de efeitos generalizados, o que caracteriza a natureza de amplitude comunicacional do terrorismo (com a possível ressalva do inciso "V", de efeitos diretos mais restritos).

O inciso I[227] da Lei é relacionado com substâncias de danosidade generalizada, como explosivos, gases tóxicos, venenos, conteúdos biológicos, químicos, nucleares ou demais meios que possam causar danos ou promover destruição em massa, sendo esse um rol exemplificativo e condutor para a aferição de adequação da conduta a esse inciso. Nesse ponto, são adotadas figuras criminais de mera conduta (usar ou ameaçar usar, transportar, guardar, portar ou trazer consigo),

---

[227] "I – usar ou ameaçar usar, transportar, guardar, portar ou trazer consigo explosivos, gases tóxicos, venenos, conteúdos biológicos, químicos, nucleares ou outros meios capazes de causar danos ou promover destruição em massa;".

próprias de um Direito Penal cada vez mais voltado à tutela do futuro, com um viés preventivo, no qual, segundo Massimo Donini, não se criminalizam condutas intoleráveis em si mesmas, mas sim pelas consequências que elas poderiam produzir.[228] De qualquer forma, a exposição a perigo de pessoa, patrimônio, paz pública ou incolumidade pública, prevista no *caput* do artigo 2º, segue sendo exigido para a configuração do crime de terrorismo.

Nesse inciso se insere a figura do bioterrorismo, modalidade de terrorismo na qual pode ser enquadrado o ataque ocorrido nos Estados Unidos da América em 2001, após o atentado praticado em 11 de setembro de 2001 no mesmo país, com o envio de cartas a pessoas e a agências de notícias contendo em seu interior um pó químico venenoso conhecido como Antrax, o que causou a morte e infecção de algumas pessoas.

O inciso II[229] do mesmo dispositivo da Lei foi vetado quando da sanção da Lei. Em relação à redação desse inciso contida no Projeto de Lei, deve-se destacar a conduta de depredar qualquer bem público ou privado, que por si só representa ato excessivamente singelo, motivo pelo qual o veto a esse dispositivo deve ser comemorado. Para a configuração do terrorismo, conjugando-se a conduta antes prevista no inciso com o especial fim de agir (elemento teleológico do terrorismo), deve-se concebê-la como sendo, no caso a ser examinado, capaz de provocar terror generalizado ("finalidade de provocar terror social ou generalizado" ao qual se refere o *caput*). Assim, acredita-se que essa conduta de depredar qualquer bem público ou privado, em um primeiro momento, não é capaz de alcançar a gravidade e a amplitude dos efeitos próprios do terrorismo. Em sendo adquirida gravidade maior, capaz de indicar a possível prática de terrorismo, acredita-se que restará abarcada pelas demais condutas descritas no tipo penal.

O inciso III[230] também foi vetado quando da sanção da Lei e, por sua vez, estabelecia o que se conhece por ciberterrorismo, que, conforme Mariona Llobet Anglí, se constitui pelo uso da tecnologia com o objetivo de disseminar um estado psíquico de terror na população.[231]

---

[228] DONINI, Massimo. **El Derecho Penal frente a los desafíos de la modernidad**. Perú: ARA Editores, 2010. p. 33.

[229] "II – incendiar, depredar, saquear, destruir ou explodir meios de transporte ou qualquer bem público ou privado;"

[230] "III – interferir, sabotar ou danificar sistemas de informática ou bancos de dados;"

[231] LLOBET ANGLÍ, Mariona. Derecho penal del terrorismo: límites de su punición en un Estado democrático. Madrid: La Ley, 2010. p. 85.

No inciso IV,[232] estabelece-se como conduta-meio para o terrorismo aquela referente à sabotagem ou apoderamento de serviços.

Por fim, o inciso V[233] traz a curta referência ao atentado contra a vida ou a integridade física de pessoa. Assim como em relação aos demais incisos acima mencionados, deve-se sempre ter em mente os requisitos essenciais para a configuração da gravidade do ato terrorista presentes no *caput* do artigo 2º.

b) estrutura organizacional e terrorismo individual

A Lei em comento nenhuma referência faz à necessidade de uma estrutura de grupo para a configuração do ato terrorista.

No *caput* do artigo 2º, é feita a referência à prática do ato de terrorismo "[...] por um ou mais indivíduos [...]", o que expressa a opção do legislador brasileiro pela aceitação da figura do terrorismo individual.

Ademais, conforme disposto no § 4º do artigo 1º da Lei 10.744 de 2003, que institui, dentre outras matérias, a possibilidade de responsabilidade civil do Estado diante de atentado terrorista contra aeronave de matrícula brasileira operada por empresa brasileira de transporte aéreo público, "Entende-se por ato terrorista qualquer ato de uma ou mais pessoas, sendo ou não agentes de um poder soberano, com fins políticos ou terroristas, seja a perda ou dano dele resultante acidental ou intencional.".

Assim, a Lei 13.260/2016 não tencionou modificar o disposto no artigo de lei acima transcrito, no que se refere à expressa referência ao ato terrorista individual – conquanto não concordemos com a possibilidade de existência do "terrorismo individual", considerando razoável a exigência de uma organização complexa para se que possibilite a configuração do ato terrorista.

Tratando-se de ato que necessariamente seja capaz de instituir um ambiente de terror generalizado na população, a estrutura organizacional é tomada aqui como uma necessidade para o alcance desse objetivo do terrorismo, podendo-se entender o "terrorismo individual" como crime impossível, nos termos do artigo 17 do Código Penal.

---

[232] "IV – sabotar o funcionamento ou apoderar-se, com violência, grave ameaça a pessoa ou servindo-se de mecanismos cibernéticos, do controle total ou parcial, ainda que de modo temporário, de meio de comunicação ou de transporte, de portos, aeroportos, estações ferroviárias ou rodoviárias, hospitais, casas de saúde, escolas, estádios esportivos, instalações públicas ou locais onde funcionem serviços públicos essenciais, instalações de geração ou transmissão de energia, instalações militares, instalações de exploração, refino e processamento de petróleo e gás e instituições bancárias e sua rede de atendimento;".

[233] "V – atentar contra a vida ou a integridade física de pessoa.".

5.2. Elemento teleológico

O *caput* do artigo 2º da Lei 13.260/2016 traz, em sua redação, as motivações exigíveis para a configuração do ato de terrorismo, assim como a finalidade que deve estar presente no mesmo ato.

A motivação do ato será aquela circunstância subjetiva que faz mover a vontade.[234] Podemos tomar como exemplo o descontentamento de alguém com o crescente número de imigrantes em seu país, que serve de força motriz para a tomada de alguma medida, que poderá se refletir em um ato de terrorismo.

Por objetivo ou finalidade, diferentemente, se entende o resultado pretendido, se não mais de um, pelo cometimento do ato de terrorismo. No mesmo caso ilustrativo anterior, podemos ter como objetivo político da conduta coagir o Estado a alterar sua diretriz de tratamento em relação à entrada de cidadãos estrangeiros em seu território.

Em relação às motivações do ato terrorista previstas na Lei, o artigo 2º deixa clara a natureza discriminatória dessas motivações ao referir que o terrorismo consistirá em atos praticados "[...] por razões de xenofobia, discriminação ou preconceito de raça, cor, etnia e religião [...].".

Comparativamente ao dispositivo legal previsto no Projeto de Novo Código Penal Brasileiro, em seu artigo 245,[235] percebe-se que na Lei 13.260/2016 não se utilizou da mesma maneira de termos vagos para se referir à motivação do ato terrorista quanto ocorrido no Projeto de Novo Código Penal.

Veja-se, a esse respeito, o disposto no inciso III do § 1º do artigo 245 do Projeto,[236] que recorre a termos extremamente genéricos, de modo a se tornar impensável alguma atuação humana voluntária que não seja abarcada por esse dispositivo em sua motivação. Dessa forma, dada a sua amplitude imensurável, isoladamente, o inciso III desse Projeto de Lei já abarcaria qualquer ato, que sempre vai possuir alguma motivação específica em se tratando de terrorismo, seja política,

---

[234] FERRATER MORA, José. **Diccionário de filosofia**. 5. ed. Buenos Aires: Editorial Sudamericana, 1964. Tomo 2. p. 236.

[235] Redação presente na emenda substitutiva apresentada pela Comissão de Constituição e Justiça, na 57ª Reunião Extraordinária, realizada no dia 17 de dezembro de 2014. (BRASIL. Projeto de Lei do Senado nº 236/2012. Brasília, DF: Senado Federal. Disponível em: <http://www.senado.leg.br/atividade/rotinas/materia/getTexto.asp?t=158984&c=PDF&tp=1>. Acesso em: 13.out.2015).

[236] "III – for motivada por preconceito de raça, cor, etnia, religião, nacionalidade, origem, condição de pessoa idosa ou com deficiência, ou por razões políticas, ideológicas, filosóficas ou religiosas.".

ideológica, filosófica ou religiosa (motivações que, em alguns casos, sequer podem ser distinguidas entre si de maneira clara). Por esse motivo, qualquer outra referência ao ato terrorista seria dispensável (como as referências dos incisos I e II do mesmo artigo do Projeto de Lei), pois o inciso III poderia ser utilizado em todos os casos de atos terroristas.

Já no tocante à finalidade do ato, apesar da referência feita ao longo dessa obra de que a finalidade última do terrorismo deve ser política, no dispositivo da Lei examinado se deixa de referir, de maneira expressa, a finalidade eminentemente política do ato terrorista. O artigo se limita a estabelecer como finalidade do terrorismo unicamente a provocação do terror social ou generalizado, o que, de fato, é um objetivo característico desse fenômeno – objetivo imediato, apenas. Além dele, contudo, deve-se ter em mente que o terrorismo deve se dirigir a uma finalidade política, em comunicação com entes públicos, considerada essa finalidade o seu objetivo mediado ou final – aparentemente ausente no dispositivo legal.

5.3. Causa de exclusão do crime

O § 2º do artigo 2º da Lei 13.260/2016[237] faz menção salutar e esclarecida a respeito da inaplicabilidade do tipo penal de terrorismo em relação a manifestações diversas, não fazendo ressalva, como feito no Projeto de Código Penal,[238] a "que os objetivos e meios sejam compatíveis e adequados à sua finalidade". Dessa forma, resguarda-se o livre exercício de manifestação, evitando-se, na medida do possível, futuros enquadramentos equivocados no tipo penal de terrorismo – ressalvando-se, ao final do dispositivo legal, a possibilidade de responsabilização criminal por outros fatos criminosos eventualmente praticados no ato.

Deve aqui ser destacado que, mesmo em uma manifestação social na qual se apliquem meios desproporcionais, incompatíveis ou inadequados a sua finalidade (contrariando, pois, o § 2º do Projeto de Novo Código Penal), não se poderá, simplesmente por isso, qua-

---

[237] "§ 2º O disposto neste artigo não se aplica à conduta individual ou coletiva de pessoas em manifestações políticas, movimentos sociais, sindicais, religiosos, de classe ou de categoria profissional, direcionados por propósitos sociais ou reivindicatórios, visando a contestar, criticar, protestar ou apoiar, com o objetivo de defender direitos, garantias e liberdades constitucionais, sem prejuízo da tipificação penal contida em lei.".

[238] "§ 2º Não constitui crime de terrorismo a conduta individual ou coletiva de pessoas movidas por propósitos sociais ou reivindicatórios, desde que os objetivos e meios sejam compatíveis e adequados à sua finalidade.".

lificar tal ato como de terrorismo por aquela redação. Ou seja, uma manifestação social qualquer que adote meios incompatíveis às suas finalidades não poderá de plano ser enquadrada no tipo penal de terrorismo.

A intenção de produção de terror na população em geral é um elemento essencial que, no exemplo aqui exposto (manifestação social reivindicatória), tende a não se fazer presente.

Além disso, o ataque indiscriminado à população, com o objetivo de causar terror generalizado, elementos representativos da gravidade do terrorismo, jamais podem ser considerados adequados ou compatíveis a qualquer finalidade pretendida em um Estado Democrático de Direito.

Dessa forma, o problema da tentativa de criminalização de manifestações sociais diversas como atos de terrorismo será resolvido, via de regra, no âmbito da tipicidade, quando se poderá excluir a aplicabilidade do tipo penal de terrorismo pela ausência de algum elemento essencial do crime.

5.4. Bem jurídico tutelado

O terrorismo, também no tipo penal desenvolvido no Brasil, pode ser considerado um crime atentatório a diversos bens jurídicos.

Conforme já exposto no presente trabalho, em um primeiro momento, o terrorismo pode ser considerado como uma violação do mesmo bem jurídico tutelado pela figura criminosa comum da qual se utiliza para a prática do terrorismo (como, por exemplo, no homicídio, a vida).

Acima disso, deve-se propriamente atribuir ao terrorismo a tutela de bens jurídicos mais amplos, como a paz pública e a própria democracia, no tocante à tomada de decisões políticas de maneira legítima.[239]

O bem jurídico paz pública se relaciona diretamente com a característica comunicacional do terrorismo, que tem em seu cerne o objetivo de difusão do terror nas pessoas e, por isso, atentando contra o sentimento de paz pública. O conceito de paz pública é fornecido por Isidoro Blanco Cordero, para quem o termo se refere "[...] a la tranquilidad y sosiego en relaciones de unos con otros, esto es, a las condiciones básicas para la convivencia ciudadana, a la seguridad en

---

[239] LLOBET ANGLÍ, Mariona. **Derecho penal del terrorismo**: límites de su punición en un Estado democrático. Madrid: La Ley, 2010. p. 59.

el ejercicio de derechos y libertades sin temor a ataques contra las personas."[240]

5.5. Demais dispositivos da Lei nº 13.260/2016

Após a definição jurídica do crime de terrorismo, a Lei 13.260/2016 estipula a punição do crime de favorecimento pessoal no terrorismo:

"Art. 3º Promover, constituir, integrar ou prestar auxílio, pessoalmente ou por interposta pessoa, a organização terrorista:

Pena - reclusão, de cinco a oito anos, e multa.

§ 1º (VETADO)

§ 2º (VETADO)."

O artigo acima, apontado exemplificativamente, segue a tendência amplamente criticada pela doutrina penal mundial, adotando o que se convencionou chamar de "Direito Penal do autor", desapegado do paradigma da punição pela prática de um fato e cada vez mais preocupado com a punição de simples *status* do sujeito, como o pertencimento a um grupo determinado. Na lição de Claus Roxin, esse modelo de criminalização próprio do Direito Penal do autor é propulsionado pela preocupação em se evitar futuros delitos.[241]

O Artigo 4º da Lei foi salutarmente vetado quando da sanção da Lei. Esse dispositivo estipulava figura criminal delicada, ao se considerar a consagrada garantia de um Estado de Direito de preservação da liberdade de expressão, tipificando a conduta de apologia ao terrorismo, nos seguintes termos de sua redação anterior ao veto:

"Art. 4º Fazer, publicamente, apologia de fato tipificado como crime nesta Lei ou de seu autor:

Pena - reclusão, de quatro a oito anos, e multa.

§ 1º Nas mesmas penas incorre quem incitar a prática de fato tipificado como crime nesta Lei.

§ 2º Aumenta-se a pena de um sexto a dois terços se o crime é praticado pela rede mundial de computadores ou por qualquer meio de comunicação social."

---

[240] BLANCO CORDERO, Isidoro, 2003 apud CAPITA REMEZAL, Mario. **Análisis de la legislación penal antiterrorista**. Madrid: Editorial Colex, 2008. p. 52.

[241] ROXIN, Claus. **Derecho Penal**. Parte General. Tomo I. Fundamentos. La Estructura de la Teoría Del Delito. Traducción y notas Diego-Manuel Luzón Pena, Miguel Diaz y Garcia Conlledo e Javier de Vicente Remesal. Madrid: Civitas, 1997. p. 177.

Esse artigo se inseria, portanto, na tênue separação entre o exercício constitucional da manifestação da expressão pessoal e a violação de diversos outros direitos por atos não acobertados pela garantia da liberdade de expressão, como manifestações discriminatórias, incitação ao crime etc.

O § 2º desse artigo estabelecia causa de aumento de pena para o crime previsto em seu *caput* ou em seu § 1º quanto praticado por meio da rede mundial de computadores ou por outro meio de comunicação social.

A redação final desse dispositivo ("por qualquer meio de comunicação social") não observava a melhor técnica legislativa em matéria penal, pois poderia ser utilizado, em uma aplicação descomprometida, a quaisquer casos adequados ao *caput* do artigo 4º, que previa como requisito típico a apologia em âmbito "público". Assim, tomando-se o caso exemplificativo da internet, devia-se compreender "meio de comunicação social" como relacionado a formas de comunicação que atinjam um público amplo e indeterminado de pessoas, como também ocorre com a rede televisiva.

Contudo, considerando-se que o aumento de pena se fundamentava na maior reprovabilidade do ato pelo alcance amplamente maior da mensagem de apologia ao terrorismo, não se pode negar que também por meio da rede mundial de computadores é possível se estabelecer um canal de comunicação com um número limitado de indivíduos, até mesmo a apenas dois usuários desse sistema.

Por isso, acreditamos positivo ö veto a esse artigo, pois era problemática a redação desse dispositivo, que podia provocar incongruências práticas, com a aplicação da causa de aumento de pena a casos menos graves do que alguns aos quais o aumento de pena será inaplicável.

Outro exemplo do acolhimento da racionalidade penal de adiantamento da punição, em uma preocupação preventiva do Direito Penal, própria do paradigma expansionista já exposto no presente trabalho, com reflexos da ideologia do Direito Penal do inimigo, se encontra no artigo 5º dessa Lei:[242]

"Art. 5º Realizar atos preparatórios de terrorismo com o propósito inequívoco de consumar tal delito:

---

[242] Para o qual, conforme a própria Lei, se aplicam as disposições do Código Penal a respeito da desistência voluntária e do arrependimento eficaz: "Art. 10. Mesmo antes de iniciada a execução do crime de terrorismo, na hipótese do art. 5º desta Lei, aplicam-se as disposições do art. 15 do Decreto-Lei nº 2.848, de 7 de dezembro de 1940 - Código Penal.".

Pena – a correspondente ao delito consumado, diminuída de um quarto até a metade.

§ 1º Incorre nas mesmas penas o agente que, com o propósito de praticar atos de terrorismo:

I - recrutar, organizar, transportar ou municiar indivíduos que viajem para país distinto daquele de sua residência ou nacionalidade; ou

II - fornecer ou receber treinamento em país distinto daquele de sua residência ou nacionalidade.

§ 2º Nas hipóteses do § 1º, quando a conduta não envolver treinamento ou viagem para país distinto daquele de sua residência ou nacionalidade, a pena será a correspondente ao delito consumado, diminuída de metade a dois terços."

Esse dispositivo traz em seu *caput* a possibilidade de adiantamento da intervenção penal, permitindo a punição dos atos preparatórios,[243] o que conduz à tentativa de implementação de um Direito Penal voltado ao futuro, de caráter preventivo ao fato punível.

O Direito Penal parece ser tomado pelas incertezas sociais dominantes na sociedade atual, cedendo ao desejo generalizado de domínio sobre o futuro – o que, acreditamos, é incompatível com as capacidades da atuação penal.

Medidas de tamanho rigor e incompatibilidade com os propósitos e possibilidades do Direito Penal apenas reforçam o seu caráter simbólico, contribuindo de maneira crescente com o descrédito oriundo da sua incapacidade de satisfação dos objetivos aos quais se declara cumprir com a legislação penal expansionista.

A Lei referida se apresenta, portanto, compatível com o pensamento punitivista que muitos resultados negativos produz já na atualidade da intervenção penal.

No § 1º do artigo 5º se estabelece a punição do recrutamento, organização, transporte e municiamento de indivíduos que viagem de seu país de origem a país diverso, bem como o fornecimento ou recebimento de treinamento em país diverso daquele de residência ou nacionalidade do agente, ambas as incriminações dependentes da demonstração do propósito de prática de atos terroristas.

---

[243] É digna de nota a crítica de Enrique Bacigalupo à concepção de "punição de ato preparatório". Para o autor, não se pode falar em punição de ato preparatório ao crime, pois, optando o legislador por tipificar "ato preparatório", o mesmo passaria então a ser considerado verdadeiro ato de execução. (BACIGALUPO, Enrique. **Derecho penal**. Parte general. 2. ed. Buenos Aires: Editorial Hammurabi, 1999. p. 462-463).

O referido parágrafo estabelece um requisito de continuidade do agente na prática do terrorismo, pois determina como elemento típico o propósito de prática de atos de terrorismo, no plural. Desse modo, conquanto a demonstração desse propósito possa trazer grandes dificuldades ao processo penal, deve-se respeitar a exigência plural de "atos de terrorismo", em conformidade com o princípio da legalidade penal.

Quando o ato criminoso previsto no § 1º não envolver países distintos, mas permanecer em um âmbito nacional, haverá a incidência do § 2º do mesmo artigo da Lei.

O artigo 6º, por sua vez, tipifica a conduta de financiamento do terrorismo, com a seguinte redação:

"Art. 6º Receber, prover, oferecer, obter, guardar, manter em depósito, solicitar, investir, de qualquer modo, direta ou indiretamente, recursos, ativos, bens, direitos, valores ou serviços de qualquer natureza, para o planejamento, a preparação ou a execução dos crimes previstos nesta Lei:

Pena - reclusão, de quinze a trinta anos.

Parágrafo único. Incorre na mesma pena quem oferecer ou receber, obtiver, guardar, mantiver em depósito, solicitar, investir ou de qualquer modo contribuir para a obtenção de ativo, bem ou recurso financeiro, com a finalidade de financiar, total ou parcialmente, pessoa, grupo de pessoas, associação, entidade, organização criminosa que tenha como atividade principal ou secundária, mesmo em caráter eventual, a prática dos crimes previstos nesta Lei."

Trata-se, aqui, de uma tentativa de combate efetivo ao terrorismo, que depende, para sua realização, de investimentos financeiros geralmente amplos, a depender do caso, buscando o legislador impedir que os recursos financeiros cheguem até o grupo terrorista – independentemente da prática ou não do ato terrorista, o que desimporta para a configuração do crime de financiamento do terrorismo.

O artigo 7º dessa Lei prevê causa de aumento de pena para os crimes previstos anteriormente pela produção de lesão corporal grave ou morte:

"Art. 7º Salvo quando for elementar da prática de qualquer crime previsto nesta Lei, se de algum deles resultar lesão corporal grave, aumenta-se a pena de um terço, se resultar morte, aumenta-se a pena da metade."

A ressalva inicial do artigo 7º ("Salvo quando for elementar da prática de qualquer crime previsto nessa Lei") impossibilita sua incidência ao crime de terrorismo previsto no artigo 2º, que já prevê como modalidade do crime, em seu inciso V: "V – atentar contra a vida ou a integridade física de pessoa".

Mesmo que não existisse a previsão do inciso V do artigo 2º da Lei ou a ressalva mencionada do artigo 7º, considerando-se a gravidade do crime de terrorismo, seria desarrazoado o aumento de pena em caso de ocorrência dessas circunstâncias (lesão corporal grave ou morte). Ao menos uma delas normalmente se faz presente em atos de terrorismo, não se tratando de uma excepcionalidade, mas de uma circunstância normal desse crime.

Posteriormente, temos na Lei 13.260/2016 disposições processuais, como o dispositivo legal que estabelece a competência investigativa da Polícia Federal e a competência da Justiça Federal para o processamento e julgamento dos crimes dessa Lei,[244] entre outros.

Destacam-se, aqui, os artigos 16 e 17 da Lei 13.260/2016, que determinam a aplicação da Lei de Organizações Criminosas para a investigação, processo e julgamento dos crimes previstos nessa Lei e, ainda, a aplicação da Lei dos Crimes Hediondos:

"Art. 16. Aplicam-se as disposições da Lei nº 12.850, de 2 agosto de 2013, para a investigação, processo e julgamento dos crimes previstos nesta Lei.

Art. 17. Aplicam-se as disposições da Lei nº 8.072, de 25 de julho de 1990, aos crimes previstos nesta Lei."

Ainda, o artigo 18 dessa Lei altera a Lei sobre prisão temporária, para permitir essa modalidade de prisão aos crimes previstos da Lei de Terrorismo[245] e o artigo 19 altera a referência da Lei de Organizações Criminosas em sua menção ao terrorismo.[246]

---

[244] "Art. 11. Para todos os efeitos legais, considera-se que os crimes previstos nesta Lei são praticados contra o interesse da União, cabendo à Polícia Federal a investigação criminal, em sede de inquérito policial, e à Justiça Federal o seu processamento e julgamento, nos termos do inciso IV do art. 109 da Constituição Federal. Parágrafo único. Fica a cargo do Gabinete de Segurança Institucional da Presidência da República a coordenação dos trabalhos de prevenção e combate aos crimes previstos nesta Lei, enquanto não regulamentada pelo Poder Executivo.".

[245] "Art. 18. O inciso III do art. 1º da Lei nº 7.960, de 21 de dezembro de 1989, passa a vigorar acrescido da seguinte alínea p:
'Art. 1º ....
III – ....
p) crimes previstos na Lei de Terrorismo.'".

[246] "Art. 19. O art. 1º da Lei nº 12.850, de 2 de agosto de 2013, passa a vigorar com a seguinte alteração:
'Art. 1º ....
§ 2º ....
II – às organizações terroristas, entendidas como aquelas voltadas para a prática dos atos de terrorismo legalmente definidos.'".

6. El Derecho penal antiterrorista español tras la reforma de 2015

por: **Manuel Cancio Meliá**
Universidad Autónoma de Madrid

6.1. Introducción

1. El terrorismo ha jugado un papel esencial en España durante las últimas décadas. Aunque hubo otros grupos terroristas que actuaron durante la transición del régimen dictatorial del General Franco al actual sistema jurídico-político puesto en marcha mediante la Constitución de 1978 (en particular, los "Grupos Antifascistas Primero de Octubre" y el grupo nacionalista catalán "Terra Lliure", así como la organización de guerra sucia policial "Grupos Antiterroristas de Liberación", que cometió atentados contra militantes de ETA y personas próximas), y desde los gravísimos atentados yihadistas de 2004 en Madrid también hay actividad de este tipo de terrorismo, el protagonismo total ha correspondido a la organización "Euskadi ta Askatasuna" (ETA, "País Vasco y Libertad"), una organización nacionalista vasca y de izquierda radical que desde la muerte del dictador hasta el cese unilateral de su actividad en 2011 produjo más de 800 víctimas mortales (sin contar los atentados realizados durante la dictadura, entre los que destaca, en 1973, el homicidio del presidente del Gobierno y representante del "sector duro" de la dictadura, almirante Carrero Blanco). En consecuencia, y a diferencia de otros países europeos, hay una aplicación práctica extraordinariamente extensa y dilatada en el tiempo de los delitos de terrorismo, que llega hasta nuestros días (pues el cese de la actividad de ETA no fue consecuencia de una negociación con el Estado, y se siguen persiguiendo los hechos cometidos antes del cese de la violencia).

2. En el plano político cabe constatar cierta evolución en cuanto a las repercusiones de la actividad terrorista. Mientras en los prime-

ros años de la transición –aquellos en los que ETA cometía mayor número de atentados–, en lo esencial, existía un consenso básico de todas las fuerzas políticas, estatales y nacionalistas vascas (con excepción del "brazo político" de ETA en la llamada "izquierda abertzale [= patriota]", que fue legal hasta su prohibición en 2003) en generar una posición común contra ETA. Sin embargo, a partir del segundo gobierno conservador de José María Aznar –contando con mayoría absoluta– iniciado en 2000 (y conforme la fortaleza operativa de ETA menguaba), los conservadores pasaron a una estrategia de utilización político-electoral de la posición adoptada frente al terrorismo que condujo a una espiral de reformas, al intentar neutralizar el partido socialista la estrategia de comunicación de los conservadores asumiendo casi todas las novedades introducidas por iniciativa del gobierno. Así, en la reforma operada por la Ley Orgánica 7/2000, se incorporó un derecho antiterrorista específico para menores de edad y se introdujo el delito de exaltación de autores terroristas. El proceso siguió –en el marco del llamado "Acuerdo por las libertades y contra el terrorismo" suscrito por el partido socialista de Rodríguez Zapatero con Aznar–, llevando al establecimiento, en la LO 7/2003, de la pena máxima de cuarenta años, de modo que España –cuya Constitución proclama expresa y terminantemente que la pena privativa de libertad estará orientada a la reinserción del delincuente– pudo adelantar a los países que aún conservan la llamada "cadena perpetua" en nuestro entorno, que en realidad es de mucho menor duración. Luego llegó el episodio del intento de engaño del gobierno –a tres días de las elecciones– después de los atentados del 11.3.2004 en Madrid, intentando atribuir a ETA algo que estaba evidentemente en la cuenta de otro tipo de terrorismo. Y esa espiral había llegado a su clímax provisional en la reforma de la LO 5/2010, cuando el gobierno de Rodríguez Zapatero, que decía limitarse a transponer una decisión marco de la UE, la de 2008, que absolutamente nada tenía que ver con lo que la reforma contenía, incorporó nociones –a someter a análisis más adelante– tan poco claras como el "adoctrinamiento", la "difusión de mensajes" que puedan facilitar la comisión de delitos terroristas o la "financiación imprudente" de organizaciones terroristas. El punto de llegada lo representa ahora la reforma pactada en solitario por los grupos parlamentarios conservador y socialista a principios de 2015, que entrará en vigor en virtud de la LO 2/2015 el día 1.7.2015, y que, como veremos en el texto, rompe completamente con el sistema de regulación anterior, al desvincular los delitos de terrorismo de la existencia de una organización, establecer una nueva definición –mucho más vaga que la anterior– de terrorismo y ampliar aún más la incriminación de conductas periféricas hasta incorporar la mera posesión de textos o la lectura de determinadas páginas web como infracciones de terrorismo o la colaboración imprudente.

3. Como es sabido, la situación de las actividades terroristas y el ritmo de legislación han sido muy diferentes en otros países occidentales. En particular, fue a partir de los atentados ejecutados el 11 de septiembre de 2001 en los Estados Unidos cuando los delitos de terrorismo entraron de lleno en el elenco de materias jurídico-penales a armonizar en el seno de la Unión Europea: una primera Decisión Marco, aprobada en el año 2002, sentó las bases de un terreno común de las regulaciones nacionales, ocupándose de las definiciones fundamentales de la tipificación penal. La segunda Decisión Marco en la materia, aprobada en el año 2008, se refiere, por el contrario, a supuestos de hecho muy específicos, de lo que se puede llamar conductas periféricas a los delitos nucleares de terrorismo, y puede comprenderse como reacción a las características de las actividades de determinadas organizaciones terroristas en los últimos años.[247]

Estos dos instrumentos de armonización han tenido un impacto muy diverso en la regulación española: mientras que la DM 2002 no generó en su momento modificación alguna, la reforma penal llevada a cabo mediante LO 5/2010, que introduce notables novedades en los delitos de terrorismo, pretende justificar esos cambios sobre todo invocando la DM 2008. Lo primero –la ausencia de toda reacción legislativa española a la primera Decisión Marco– se explica por el hecho de que la regulación antiterrorista española era ya una de las más amplias –como se verá, en extensión e intensidad conceptual– de los países europeos. Lo segundo, la notable repercusión de la segunda Decisión Marco, como se expondrá, no responde en realidad a otra razón que a la pretensión del legislador de 2010 de ocultar bajo el parapeto de la DM 2008 la intención de llevar a cabo un nuevo adelantamiento de las barreras de incriminación –mucho más allá de lo demandado por la norma europea– respecto de conductas que cabría calificar sobre todo de propaganda y adhesión en relación con actividades terroristas. Finalmente, la nueva regulación de 2015 incorpora –distorsionados– algunos de los elementos de definición del terroris-

---

[247] Determinadas conductas próximas a la colaboración, a la apología y a la provocación, intentando aprehender fenómenos como las páginas web radicales, las prédicas incendiarias de determinados clérigos o la asistencia a cursos de entrenamiento en campos ubicados en Pakistán, fenómenos que han generado una intensa atención y polémica en diversos países europeos, especialmente, por no estar aprehendidas jurídico-penalmente algunas de estas conductas; vid. por todos: CANO PAÑOS, Miguel Ángel. Los delitos de terrorismo en el Código Penal español después de la reforma de 2010. In: *La ley penal*: revista de derecho penal, procesal y penitenciario, Espanha, n. 86, 2011.

mo de la DM 2002, mantiene todas las tipificaciones existentes, añade otras nuevas y se aparta por completo de la regulación española vigente hasta el momento al desvincular los delitos de terrorismo de la existencia de una organización.

En lo que sigue, se ofrecerá primero una síntesis de la regulación española en vigor hasta 2010, así como de los contenidos de la DM 2002/475/JAI, lo que explica la ausencia de toda modificación en los tipos españoles debida a la DM 2002 (infra II.). A continuación podrá entrarse en el análisis de la reforma de los delitos de terrorismo llevada a cabo por la LO 5/2010 invocando la DM 2008/919/JAI (infra III.). Finalmente, se presenta la nueva regulación que entra en vigor en el año 2015 (infra IV.).

6.2. El Derecho penal antiterrorista español hasta 2010 y la DM 2002

1. a) El Derecho penal antiterrorista existente en España se caracteriza desde el principio por ser especialmente amplio: permite, en principio, que cualquier infracción criminal se convierta en terrorista (agravándose la pena del correspondiente delito común), siempre que se lleve a cabo en conexión ("perteneciendo, actuando al servicio de o colaborando con") con una organización terrorista. A pesar de este protagonismo de la organización, en 1995 se introdujo el llamado "terrorismo individual" (art. 577 CP), que permite incriminar conductas de autores aislados. Cuenta con penas muy severas, que en casos de concurso (con una regulación especial para los delitos de terrorismo) pueden llegar hasta los cuarenta años de prisión.

Una consideración inicial de los distintos tipos de terrorismo contenidos en el Código penal español de 1995 puede llevar a la impresión de que, en comparación con la regulación anterior –introducida materialmente en la LO 8/1988–,[248] el tratamiento de estos delitos en el CP 1995 no ofreció en el fondo novedades de carácter material, incluso frente a la regulación de la dictadura: en efecto, si se examina delito por delito lo que era punible en este ámbito antes y después de la entrada en vigor del nuevo Código –excepción hecha del delito de terrorismo individual del art. 577 CP, y, desde el año 2000, del art. 578 CP (que contiene el delito de exaltación de autores o delitos terroris-

---

[248] Momento en el que la regulación de excepción "se 'cronifica'" (ROLDÁN BARBERO, Horacio. *Los GRAPO*. Un estudio criminológico. Espanha: Editorial Comares, 2008, p. 122).

tas antes mencionado)–, todo parece estar más o menos como antes.[249] Los cambios, entonces, parecen sobre todo ser de técnica menor, en el sentido de una organización más racional de las infracciones. Sin embargo, esta impresión no se ve del todo confirmada si se examina la regulación actual atendiendo a determinados aspectos generales de su diseño, y no al número las infracciones individualmente consideradas.

Frente a la regulación anterior al CP 1995, que contenía sendas cláusulas de agravación de la pena, genérica la primera y más específica la segunda, y el delito de colaboración con banda armada, el CP 1995 optó por una regulación que se puede calificar –aparte de más concentrada en cuanto a su ubicación– de más extensa e intensa. Más extensa, al establecer una serie de tipos que agravan las penas previstas para ciertos delitos comunes cuando éstos sean cometidos "perteneciendo, actuando al servicio o colaborando" con las organizaciones de índole terrorista (arts. 571, 572, 573 CP), junto con un tipo de recogida que abarca (potencialmente) cualquier infracción criminal (art. 574 CP). También se establece un delito, referido a los delitos patrimoniales, cuyo encuadre resulta algo más difícil, pero que debe considerarse como de colaboración (art. 575 CP); a continuación se incorpora el delito genérico de colaboración con banda armada (art. 576 CP). En tercer lugar, se introduce una infracción –desconocida en la regulación anterior– que suele denominarse de "terrorismo individual" (art. 577 CP). El artículo 578 CP tipifica conjuntamente –desde la LO 7/2000–[250] dos infracciones distintas, una consistente en el enaltecimiento o justificación de las infracciones de terrorismo y de sus autores, y la otra, en diversas formas de injuria frente a las víctimas de tales infracciones o a sus familiares. En los arts. 579 y 580 CP se regulan, respectivamente, por un lado, los actos preparatorios (art. 579.1 CP), la pena especial de inhabilitación absoluta (art. 579.2 CP) y la cuestión de los autores arrepentidos (art. 579.3 CP) y, por otro, la llamada reincidencia internacional (art. 580 CP). Por lo demás, la mera pertenencia a una de las organizaciones referidas estaba prevista en los artículos 515.2 y 516 CP.

Esto es lo que podría parecer una mera reorganización racional del material normativo frente a la situación anterior al CP 1995, a la que hay que sumar, aparte del "redondeo" de figuras periféricas y en

---

[249] En este sentido, la regulación actual hunde sus raíces en la LO 3/1988, que (re)incorporó las infracciones de terrorismo al CP.

[250] Vid. CANCIO MELIÁ, Manuel. "Derecho penal del enemigo" y delitos de terrorismo. Algunas consideraciones sobre la regulación de las infracciones en materia de terrorismo en el Código penal español después de la LO 7/2000. In: *JpD*. 44, 2002, pp. 19 y ss.

materia de menores de la LO 7/2000, los cambios en materia de cumplimiento de penas (destinados de modo evidente sobre todo a los presos de ETA) que introdujo la LO 7/2003.[251]

Más allá de esto, sin embargo, la regulación nueva era también (mucho) más intensa conceptualmente, porque incluye elementos definitorios generales que en la tipificación anterior no existían, ya que ésta se limitaba a enunciar las "bandas armadas" y los "elementos terroristas o rebeldes":[252] por un lado, opta por la reincorporación del término "terrorismo" al rótulo de la sección; por otro, lo define, en los arts. 571 y s. CP, como aquel actuar realizado con la "finalidad de subvertir el orden constitucional o alterar gravemente la paz pública".

b) Ya con la sintética caracterización de las infracciones de terrorismo acabada de hacer, queda clara la doble especificidad de la regulación española de 1995: por un lado, no sólo contenía infracciones de adelantamiento o creación de nueva punibilidad, sino también una agravación general, para todas las demás infracciones, con tal de que exista la conexión con la organización terrorista (arts. 571, 572, 577, con la cláusula de cierre–recogida omnicomprensiva ["cualquier otra infracción"] del art. 574 CP); es decir, se trata de una regulación extraordinariamente severa y amplia.[253] Por otro lado –y ésta es la novedad decisiva en el Código Penal de 1995–, contiene una caracte-

---

[251] Vid. sólo FARALDO CABANA, Patricia. Un derecho penal de enemigos para los integrantes de organizaciones criminales. La Ley Orgánica 7/2003, de 30 de junio, de medidas de reforma para el cumplimiento íntegro y efectivo de las penas. In: BRANDARIZ GARCÍA, José Ángel; FARALDO CABANA, Patricia; PUENTE ABA, Luz María (coord.). *Nuevos retos del Derecho Penal en la era de la globalización*. Espanha: Tirant lo Blanch, 2004, pp. 299 y ss.

[252] La fase de "despolitización" anterior de estas infracciones se inició en el peculiar contexto de la transición española, en 1978 (L 82/1978); vid. al respecto sólo de Sola Dueñas, DJ 37/40 (1983) vol. 2, pp. 1221 y ss., con un criterio muy vacilante: en el breve período de funcionamiento de la L 82/1982, se gestaba un nuevo proyecto, que volvía a la opción por la incorporación de una sección expresamente dedicada a los delitos de terrorismo, al igual que posteriormente otras propuestas de reforma (vid. DE SOLA DUEÑAS, Ángel, Delitos de terrorismo y tenencia de explosivos (sección segunda del capítulo VIII del título XVIII del libro II de la Propuesta de Anteproyecto de nuevo Código penal de 1983. In: *Documentación Jurídica* 37/40, Monográfico dedicado a la PANCP. v. 2, 1983, pp. 1223, 1232 y ss.); vid. también, en sentido crítico, LAMARCA PÉREZ, Carmen. *Tratamiento jurídico del terrorismo*. Madrid: Ministerio de Justicia, Centro de Publicaciones, 1985. pp. 162 y ss.; GARCÍA SAN PEDRO, José.*Terrorismo*: aspectos criminológicos y legales. Madrid : Centro de Estudios Judiciales, 1993. pp. 220 y ss.; ASÚA BATARRITA, Adela. Concepto jurídico de terrorismo y elementos subjetivos de finalidad. Fines políticos últimos y fines de terror instrumental. In: ECHANO BASALDÚA, Juan Ignacio (coord.). *Estudios jurídicos en Memoria de José María Lidón*. Espanha: Universidad de Deusto, 2002. p. 71 y ss.

[253] Contempla, por lo tanto, las tres modalidades específicas de reacción frente a formas organizadas de criminalidad que identifica SILVA SÁNCHEZ, Jesús María. ¿"Pertenencia" o "intervención"? Del delito de "pertenencia a una organización" a la figura de la "participación a través de organización" en el delito. In: OCTAVIO DE TOLEDO Y UBIETO, Emilio; GURDIEL SIERRA, Manuel; CORTÉS BECHIARELLI, Emilio (coord.). *Estudios penales en recuerdo del profesor Ruiz Antón*. Espanha: Tirant lo Blanch, 2004. pp. 1069 y s. como posibles: infracciones específicas, agravación de infracciones comunes y la pertenencia a la organización en sí misma.

rización muy concreta de cuáles son los elementos diferenciales, lo específicamente terrorista de estas infracciones.

Parece claro desde un principio que estos delitos son en el sistema de incriminación español diseñado en 1995 bastante más que una mera regla de medición de la pena (agravatoria respecto de los delitos comunes). La modificación en cuanto a la intensidad que supuso la nueva regulación del CP 1995 determina, con toda claridad, desde el punto de vista aquí adoptado, que se trata de infracciones con sustantividad propia.

2. a) Como es sabido, los atentados en EE.UU. de septiembre de 2001 generaron un decidido impulso en el marco europeo en materia de terrorismo, con el fin de definir algún que otro elemento de la regulación concreta en la materia: en un primer paso, se aprobó la Decisión Marco sobre Terrorismo de 13.6.2002.[254] Sintéticamente, ésta contiene los siguientes elementos:

En el art. 1 se establece un catálogo de delitos de terrorismo "… que por su naturaleza o su contexto puedan lesionar gravemente a un país o a una organización internacional…". Se estiman por tales delitos aquellos que se cometen con el fin de:

a) Intimidación grave a una población,

b) Obligar a los poderes públicos u organización internacional a realizar un acto o a abstenerse de hacerlo,

c) Desestabilizar gravemente o destruir las estructuras constitucionales, económicas o sociales de un país u organización internacional mediante atentados contra la vida de las personas o su integridad física, secuestro o tomas de rehenes, destrucciones masivas gubernamentales, apoderamiento de aeronaves o buques, fabricación, tenencia, adquisición, transporte, suministro o utilización de armas de fuego, explosivos, armas nucleares, biológicas…, provocación de incendios o inundaciones, interrupción en los suministros esenciales de agua, de electricidad u otro recurso fundamental con riesgo para la vida humana, así como la amenaza de cometer tales acciones.

Ya el esbozo del contenido de las infracciones de terrorismo en el CP español antes hecho, puesto en relación con el contenido de la DM 2002, muestra con toda claridad que ésta no presenta un alcance comparable al que determina la configuración típica de los delitos de terrorismo en el Derecho penal español, tanto en lo que se refiere a su

---

[254] Vid. sólo GARCÍA RIVAS, Nicolás. *La tipificación "europea" del delito terrorista en la decisión marco de 2002: análisis y perspectiva*. Espanha: RGDP 4, 2005. Disponível em: <http://www.asser.nl/upload/eurowarrant-webroot/documents/cms_eaw_id704_1_Nicolas%20Garcia.pdf>. Acesso em: 13.out.2015.

"Parte Especial" (las conductas concretamente incriminadas) como en relación con su "Parte General" (la definición general de lo que es jurídico-penalmente "terrorismo").

b) Así las cosas, no parece sorprendente que la DM 2002 no condujera a cambio alguno en la regulación antiterrorista española: sencillamente, no había margen para ninguna modificación porque el CP 1995 contaba ya con un elenco de figuras delictivas perfectamente capaces de "absorber" todas las necesidades de tipificación y de definición planteadas por la norma europea.

6.3. La reforma de 2010 y la DM 2008

1. Las cosas fueron muy distintas respecto de la segunda DM, aprobada en el año 2008:[255] invocando de modo prácticamente exclusivo la norma europea, la amplia reforma que introdujo la Ley Orgánica 5/2010 en el ordenamiento penal español afectó también a los delitos de terrorismo,[256] y ello en diversos ámbitos, de ubicación y redefinición de diversos elementos típicos.

2. En lo que sigue, se examinarán las modificaciones introducidas en relación con la descripción de las **conductas típicas**:[257]

a) Conductas de pertenencia (art. 576.1 y 2)

La conducta de mera pertenencia[258] se describió con más detalle que en la regulación antecesora, en el art. 516.2 CP, que sólo se refería al "integrante" sin más. Sin embargo, la formulación utilizada puede dar la impresión de que se puede "formar parte" sin "participar ac-

---

[255] Vid. sobre lo que sigue también CANO PAÑOS, Miguel Ángel. Los delitos de terrorismo en el Código Penal español después de la reforma de 2010. In: *La ley penal*: revista de derecho penal, procesal y penitenciario, Espanha, n. 86, 2011. y ya CANCIO MELIÁ, Manuel. The Reform of Spain's Antiterrorist Criminal Law and the 2008 Framework Decision. In: GALLI, Francesca; WEYENBERGH, Anne (ed.). *EU counter-terrorism offences*: what impact on national legislation and case-law?, França: l'Université de Bruxelles, 2012. pp. 99 y ss.

[256] Vid. una primera aproximación a este sector de la reforma en CANCIO MELIÁ, *Comentarios*, pp. 521 y ss.; sintéticamente, idem, CANCIO MELIÁ, Manuel. Delitos de terrorismo. In: *MOLINA FERNÁNDEZ, Fernando (coord.) Memento Penal. 2. ed. 2014*. n.m. 18959, 18982, 19015, 19035 y s., 19050, 19080.

[257] Vid. un análisis más extenso de la reforma de 2010 en CANCIO MELIÁ, Manuel. Delitos de organización: criminalidad organizada común y delitos de terrorismo. In: DÍAZ-MAROTO Y VILLAREJO, Julio (dir.). *Estudios sobre las reformas del Código penal operadas por las LO 5/2010, de 22 de junio, y 3/2011, de 28 de enero*. Espanha: Civitas, 2011. 650 y ss.

[258] Vid. el análisis de ese comportamiento típico en CANCIO MELIÁ, Manuel. El delito de pertenencia a una organización terrorista en el Código penal español. In: LUZÓN PEÑA, Diego Manuel (ed.). *Derecho penal del Estado social y democrático de Derecho*. Libro Homenaje a Santiago Mir Puig por su investidura como Doctor honoris causa en la Universidad de Alcalá. Espanha: Editorial La Ley, 2010. pp. 987 y ss.; idem, FS Puppe, pp. 1449 y ss.

tivamente" en una organización terrorista (al contraponer a los que participen activamente frente a los que formen parte). Esta regulación desconoce la realidad de las organizaciones terroristas, en la que no hay nada parecido a una "militancia pasiva".

La nueva descripción puede contribuir –intensificando ciertas tendencias en este sentido en la jurisprudencia de los últimos años–[259] a llevar al delito de pertenencia, castigado con penas severísimas, a una especie de delito de adhesión, de identificación con el ideario, y resulta por ello rechazable,[260] ahora igual que antes.

b) Colaboración (arts. 576.3 y 576 bis)

En cuanto a los comportamientos de colaboración con una organización terrorista, la reforma incorporó dos nuevas incriminaciones: por un lado, se introdujeron los comportamientos de captación, adoctrinamiento, adiestramiento o formación, cuando éstos estén dirigidos a la incorporación de otros a una organización terrorista, o a la comisión de algún delito de terrorismo. Por otro lado, en el art. 576 bis se resolvió incorporar comportamientos de provisión o recolección de fondos destinados a actividades terroristas.

aa) Captación, adoctrinamiento, adiestramiento o formación (art. 576.3)

La nueva regulación pretendió cerrar los contornos típicos del delito de colaboración en cuanto a lo que podría denominarse agitación, propaganda, proselitismo y formación de las organizaciones terroristas.

Esta adición resulta innecesaria, redundante y perturbadora. Si en alguna ocasión pudiera haber un outsourcing de esa actividad a personas que no son miembros de la organización, todas las modalidades de comportamiento se hallaban ya tipificadas en cuanto conductas de colaboración.[261] Finalmente, la nueva regulación resulta muy perturbadora por su cuarta vertiente de comportamiento. La conducta identificada como "adoctrinamiento" abre la vía a que se

---

[259] CANCIO MELIÁ, Manuel. *Los delitos de terrorismo*: estructura típica e injusto. Madrid: Editora Reus, 2010. pp. 212 y ss.

[260] Vid. también CANO PAÑOS, Miguel Ángel. Los delitos de terrorismo en el Código Penal español después de la reforma de 2010. In: *La ley penal*: revista de derecho penal, procesal y penitenciario, Espanha, n. 86, 2011., con ulteriores referencias; LLOBET ANGLÍ (Delitos de terrorismo. In: ORTIZ DE URBINA GIMENO, I. (coord.). *Memento Experto*. Reforma Penal 2010. Madrid: Francis Lefebvre, 2010.) considera inconstitucional esta interpretación.

[261] Así también GARCÍA ALBERO, Ramón. La reforma de los delitos de terrorismo, arts. 572, 573, 574, 575, 576, 576 bis, 577, 578, 579 CP. In: QUINTERO OLIVARES, Gonzalo (dir.). *La reforma penal de 2010*: análisis y comentarios. Espanha: Editorial Aranzadi, 2010. p. 376; LLOBET ANGLÍ, Mariona. Delitos de terrorismo. In: ORTIZ DE URBINA GIMENO, I. (coord.). *Memento Experto*. Reforma Penal 2010. Madrid: Francis Lefebvre, 2010. n.m. 6106.

incriminen aquí meras manifestaciones de opinión. El principio de legalidad –en su expresión en el mandato de determinación– se vulnera gravemente.[262]

Por otro lado, debe constatarse que el legislador no se ajusta a la realidad cuando se refiere[263] a la Decisión Marco de la UE 2008/919/JAI para explicar la nueva tipificación:[264] la DM no menciona en ningún momento el "adoctrinamiento" –sólo se refiere a la "provocación a la comisión de un delito terrorista" (tipificadas en España desde siempre, art. 579.1, además de a la captación y el adiestramiento, ya incluidos, como se acaba de indicar, en el art. 576.1)–, y, en cambio, sí establece (considerando 14) que "la expresión pública de opiniones radicales, polémicas o controvertidas sobre cuestiones políticas sensibles, incluido el terrorismo, queda fuera del ámbito de la presente Decisión marco, y, en especial, de la definición de la provocación a la comisión de delitos de terrorismo." ¿Qué tiene esto que ver con el "adoctrinamiento" de la reforma española?

bb) Financiación (art. 576 bis)

La reforma presentó una segunda novedad en materia de colaboración: la tipificación de ciertos comportamientos relacionados con la financiación de las organizaciones terroristas. En el número primero del art. 576 bis se incrimina la provisión o recolección de fondos; en el número segundo, una conducta imprudente en relación con la financiación dolosa, y se establece la responsabilidad de las personas jurídicas en el tercero.

En la modalidad dolosa, el comportamiento –realizado "por cualquier medio, directa o indirectamente"– consiste en proveer o recolectar fondos para la comisión de delitos terroristas, o para una organización terrorista. Como aclara el propio texto, basta con que la conducta se realice "con la intención de que se utilicen, o a sabiendas de que serán utilizados", es decir, que no es necesario que se produzca un efectivo allegamiento de los fondos. El delito pasa, entonces, a girar en torno de los elementos subjetivos "con la intención" y "a sabiendas", con todas las dificultades probatorias que ello conlleva. Esta definición de la conducta reproduce sin más –en una importación

---

[262] En esta línea también MUÑOZ CONDE, Francisco. *Derecho penal. Parte Especial*. 18ª ed. Espanha: Tirant Lo Blanch, 2010. pp. 929 y s.; VIVES ANTÓN, Tomás S.; CARBONELL MATEU, Juan Carlos. Organizaciones y grupos criminales. In: VIVES ANTÓN, Tomás S. et al. *Derecho penal. Parte Especial*. 3ª ed. Valencia: Tirant Lo Blanch, 2010. pp. 792 y s.

[263] Preámbulo, XXIX, párrafo cuarto.

[264] Así también GARCÍA ALBERO, Ramón. La reforma de los delitos de terrorismo, arts. 572, 573, 574, 575, 576, 576 bis, 577, 578, 579 CP. In: QUINTERO OLIVARES, Gonzalo (dir.). *La reforma penal de 2010: análisis y comentarios*. Espanha: Editorial Aranzadi, 2010. pp. 374 y s.

directa sin reconversión o adaptación– la definición contenida en el art. 2 del Convenio para la represión de la financiación del terrorismo de 9.12.1999 (entrada en vigor 9.5.2002).

En todo caso, también aquí estamos ante una tipificación completamente innecesaria y redundante.[265] Las conductas de apoyo económico efectivo incluidas en el nuevo texto están ya contempladas como forma de colaboración con organización terrorista en el art. 576 –o en el preexistente e igualmente redundante[266] art. 575–,[267] de modo que no tiene sentido su nueva tipificación.

Cuando se trata del mero acto de recolectar "con la intención de que se utilicen", pero sin entrar en contacto efectivo con la organización, la tipificación supone castigar sólo la intención, y, además, con la misma pena que a quien averigua los datos personales de un sujeto, o quien provee armas o fondos, es decir, quien realiza las conductas más graves de colaboración del art. 576.1.

La modalidad imprudente se refiere a la Ley 10/2010, de 28 de abril, de prevención del blanqueo de capitales y de la financiación del terrorismo, que a su vez responde a la Directiva 2005/60/CE del Parlamento Europeo y del Consejo, de 26 de octubre de 2005, relativa a la prevención de la utilización del sistema financiero para el blanqueo de capitales y para la financiación del terrorismo. Con independencia de la valoración de este mecanismo legal, parece claro que esta infracción no debería haber sido incluida entre los delitos de terrorismo: el injusto de esta infracción es el del blanqueo de capitales – ubicación elegida, por ejemplo, por el legislador alemán. En todo caso, no se trata de un delito de terrorismo, ya que carece de los elementos esenciales de estas infracciones, que son necesariamente dolosas.

c) Delito de propaganda

Finalmente, la reforma incorporó en el segundo párrafo del art. 579.1 un nuevo tipo residual que cabe calificar de delito de propaganda, ya que las conductas típicas aprehendidas son las de distribuir o difundir –por cualquier medio– "mensajes o consignas" dirigidos a provocar, alentar o favorecer" delitos terroristas, "…generando o incrementando el riesgo de su efectiva comisión". Se trata, entonces,

---

[265] Así también MUÑOZ CONDE, Francisco. *Derecho penal*. Parte Especial. 18ª ed. Espanha: Tirant Lo Blanch, 2010. p. 930.

[266] Vid. en detalle CANCIO MELIÁ, Manuel. *Los delitos de terrorismo*: estructura típica e injusto. Madrid: Editora Reus, 2010. pp. 256 y ss.

[267] Así también GARCÍA ALBERO, Ramón. La reforma de los delitos de terrorismo, arts. 572, 573, 574, 575, 576, 576 bis, 577, 578, 579 CP. In: QUINTERO OLIVARES, Gonzalo (dir.). *La reforma penal de 2010*: análisis y comentarios. Espanha: Editorial Aranzadi, 2010. p. 377.

de una infracción de peligro: los mensajes o las consignas deben estar directamente vinculados con el riesgo de comisión.

La nueva redacción debe ser calificada como profundamente errada y claramente inconstitucional. El legislador continúa aquí con una deriva que conduce a la criminalización de la adhesión ideológica.[268] También debe subrayarse que el legislador falta a la verdad, de nuevo, cuando invoca[269] la Decisión Marco de la UE 2008/919/JAI como justificación de la introducción de esta figura.[270] La DM sólo demanda la inclusión de la "provocación a la comisión de un delito de terrorismo", entendida como difusión de mensajes destinados a inducir a la comisión de delitos terroristas, un comportamiento que ya estaba tipificado en el CP y que es distinto del que incluyó la reforma de 2010: una cosa es inducir, y otra alentar o favorecer.

6.4. La regulación de 2015

1. Queda confirmado, entonces, que el Derecho penal antiterrorista español actualmente en vigor es extraordinariamente amplio. No hay ni un solo eslabón de la cadena de actos que conducen a un atentado terrorista que no sea ya a día de hoy un delito amenazado con graves penas: ¿concertarse con otros –antes de toda preparación concreta– para cometer un acto terrorista, o llamar a otros para que lo cometan? Conducta penada como conspiración, proposición o provocación para realizar actos terroristas (art. 579.1 I CP). ¿Publicar en una página web un texto que valore positivamente las actividades de grupos terroristas? Un delito de difusión de "consignas o mensajes" que puedan alentar a otros a cometer delitos terroristas (art. 579.1 II CP). ¿Trasladarse al territorio dominado por un grupo terrorista y recibir formación militar? Un delito de colaboración con organización terrorista, previsto en nuestra Ley penal desde hace décadas (art. 576 CP). ¿Recaudar u obtener de otro modo fondos para una organización o grupo terrorista? Una infracción prevista incluso por partida triple en la regulación vigente como modalidad de colaboración (arts. 575, 576 y 576 bis CP). ¿Realizar algún delito (por ejemplo: de daños, quemando un cajero automático), por parte de un autor que no tiene relación alguna con nadie, pero con

---

[268] CANCIO MELIÁ, Manuel. *Los delitos de terrorismo*: estructura típica e injusto. Madrid: Editora Reus, 2010. pp. 248 y ss., con ulteriores referencias.

[269] Preámbulo, XXIX, párrafo cuarto.

[270] Así también GARCÍA ALBERO, Ramón. La reforma de los delitos de terrorismo, arts. 572, 573, 574, 575, 576, 576 bis, 577, 578, 579 CP. In: QUINTERO OLIVARES, Gonzalo (dir.). *La reforma penal de 2010*: análisis y comentarios. Espanha: Editorial Aranzadi, 2010. p. 377.

la voluntad de subvertir el orden constitucional o alterar la paz pública? Un delito de terrorismo individual, penado desde hace veinte años y aplicado centenares de veces (art. 577 CP).

Por lo tanto, no hay ninguna necesidad de "adaptar" la regulación española a un "nuevo terrorismo", el de Daesh ("Estado Islámico") u otros grupos similares. La lectura de cualquier diario español muestra que con la Ley actualmente en vigor, todos los días se detiene a personas que viajan a Siria o Irak o se ponen en contacto con organizaciones terroristas o recaudan dinero con tal fin.

2. Sin embargo, a finales de diciembre del año pasado, el grupo parlamentario que sustenta al actual Gobierno presentó de modo sorpresivo una propuesta –de autoría desconocida– para reformar por completo la regulación de los delitos de terrorismo. Hay que señalar, en cuanto a las formas, que el nuevo texto se presentó como enmienda a la reforma general del Código Penal iniciada en 2012, a pesar de que en ningún momento se había planteado introducir cambios en este campo. Se trata, por lo tanto, de un procedimiento abiertamente fraudulento, pues de ese modo se ha evitado la emisión de los informes preceptivos de diversos órganos consultivos que han de pronunciarse sobre nuevos proyectos legislativos. Por otra parte, no ha habido explicación alguna del porqué de esta nueva reforma sorpresiva, antes de que haya habido posibilidad alguna de evaluar la última modificación hecha en 2010. El texto se presentó antes de los atentados en París contra los integrantes de la revista Charlie Hebdo, y a pesar de ello se ha venido explicando –como también se hace en el preámbulo de la nueva Ley– como reacción a ataques de esas características, y, en general, a la eclosión de Daesh.

La nueva regulación se separó en su tramitación parlamentaria de la reforma general del CP, en la que el Gobierno no ha contado con la adhesión de ningún otro grupo parlamentario, para abrir la posibilidad de que en el campo del terrorismo hubiera un "pacto de Estado" (ésta es también la razón de que la pena del homicidio terrorista se describa ahora [art. 573 bis 1. 1ª CP nuevo] como la pena de prisión "por el tiempo máximo previsto en este Código": la nueva reforma global incorpora la cadena perpetua que los socialistas rechazan). Sólo el partido socialista se ha sumado a la nueva regulación, que entrará en vigor mediante la LO 2/2015, en la misma fecha que la reforma general del CP que ha aprobado en solitario el partido conservador.

3. La regulación introducida suma a todas las alternativas de conducta típicas que se han mencionado –que no se reducen– los siguientes elementos:

a) En primer lugar, se abandona la vinculación de los delitos de terrorismo a una organización. La pertenencia a la misma se sigue castigando, claro, pero las infracciones de terrorismo ya no tienen que tener, por regla general, una conexión con un grupo terrorista. La excepción de la anterior regulación –el delito de terrorismo individual del actual art. 577 CP, que desaparece– se convierte, entonces, en regla. En este contexto, hay que señalar que en lo que se alcanza a ver, no ha habido en España ni una sola condena de un autor aislado, de un *lone wolf*. La norma excepcional se aplicó exclusivamente a los miembros de organizaciones juveniles próximas a los partidos próximos a ETA, hasta 2007, cuando el Tribunal Supremo cambió su jurisprudencia y afirmó que todas las organizaciones que coincidieran en los fines políticos con ETA ya son de *lege lata* organizaciones terroristas.[271]

b) En segundo lugar, los delitos de terrorismo ya no se definen como aquellos cometidos por una organización que persigue "subvertir el orden constitucional o alterar gravemente la paz pública". Ahora, de acuerdo con la nueva definición, es terrorista cualquier delito grave –contra los bienes jurídicos de "la vida, la integridad física, la libertad, la integridad moral, la libertad e indemnidad sexuales, el patrimonio, los recursos naturales o el medio ambiente, la salud pública, de riesgo catastrófico, incendio, contra la Corona, de atentado y tenencia de armas, municiones o explosivos", así como el apoderamiento de medios de transporte colectivo o de mercancías, siempre que persigan, alternativamente, alguna de las siguientes finalidades: "Subvertir el orden constitucional, o suprimir o desestabilizar gravemente el funcionamiento de las instituciones políticas o de las estructuras económicas o sociales del Estado, u obligar a los poderes públicos a realizar un acto o a abstenerse de hacerlo; 2ª Alterar gravemente la paz pública; 3ª Desestabilizar gravemente el funcionamiento de una organización internacional; 4ª Provocar un estado de terror en la población o en una parte de ella." (art. 573.1 CP nuevo). También se incluyen como delitos de terrorismo las infracciones de acceso indebido a programas informáticos, de tenencia de programas o códigos de acceso a tal efecto, de daños informáticos o interrupción de sistemas de tratamiento de datos (art. 573.2 CP nuevo) y los delitos graves contra el orden público, que incluyen la "violencia contra las cosas" o la amenaza de emplearla (art. 573 bis 4. CP nuevo). Como se aprecia, se incorporan algunas de las alternativas de definición de terrorismo de la DM 2002 – aunque no su limitación a un catálogo estrictamente

---

[271] STS 50/2007 (19.1.2007).

determinado de delitos gravísimos. Como se verá, esto hace que la definición de terrorismo sea ahora extraordinariamente amplia.

c) En tercer lugar, finalmente, se añade a las conductas periféricas ya incriminadas, por un lado, el llamado delito de "autoadiestramiento", que en realidad incorpora además de conductas de adquisición de ciertas habilidades supuestos de posesión y acceso a determinados documentos:

Art. 575 CP nuevo:

"1. Será castigado con la pena de prisión de dos a cinco años quien, con la finalidad de capacitarse para llevar a cabo cualquiera de los delitos tipificados en este Capítulo, reciba adoctrinamiento o adiestramiento militar o de combate, o en técnicas de desarrollo de armas químicas o biológicas, de elaboración o preparación de sustancias o aparatos explosivos, inflamables, incendiarios o asfixiantes, o específicamente destinados a facilitar la comisión de alguna de tales infracciones.

2. Con la misma pena se castigará a quien, con la misma finalidad de capacitarse para cometer alguno de los delitos tipificados en este Capítulo, lleve a cabo por sí mismo cualquiera de las actividades previstas en el apartado anterior.

Se entenderá que comete este delito quien, con tal finalidad, acceda de manera habitual a uno o varios servicios de comunicación accesibles al público en línea o contenidos accesibles a través de internet o de un servicio de comunicaciones electrónicas cuyos contenidos estén dirigidos o resulten idóneos para incitar a la incorporación a una organización o grupo terrorista, o a colaborar con cualquiera de ellos o en sus fines. Los hechos se entenderán cometidos en España cuando se acceda a los contenidos desde el territorio español.

Asimismo se entenderá que comete este delito quien, con la misma finalidad, adquiera o tenga en su poder documentos que estén dirigidos o, por su contenido, resulten idóneos para incitar a la incorporación a una organización o grupo terrorista o a colaborar con cualquiera de ellos o en sus fines.

3. La misma pena se impondrá a quien, para ese mismo fin, o para colaborar con una organización o grupo terrorista, o para cometer cualquiera de los delitos comprendidos en este Capítulo, se traslade o establezca en un territorio extranjero controlado por un grupo u organización terrorista."

Por otro lado (en el art. 577.3 CP nuevo), se añade a la regulación de la colaboración con organización terrorista la modalidad de comisión por imprudencia.

4. No es necesario llevar a cabo reflexiones de especial intensidad para valorar la reforma:[272] extiende el concepto de terrorismo a conductas que en ningún país libre tienen tal consideración. Basten algunos ejemplos: si alguien cuenta de modo descuidado en una reunión social algún detalle de la vida cotidiana de una persona de relevancia política, y esa información es aprovechada por otros después para cometer un atentado contra ella, el charlatán podrá estar incurso en un delito de colaboración con organización terrorista por imprudencia. Si un ciudadano participa en una protesta sin usar de la violencia, pero ocupando un espacio público y amenazando con cometer daños en las cosas, estará cometiendo un delito grave de desórdenes públicos, de acuerdo con la reforma global aprobada por los conservadores. Por lo tanto, está en el ámbito de definición de los delitos que pueden ser terroristas de acuerdo con la reforma. Y como se trata de "obligar a los poderes públicos" a hacer algo o dejar de hacerlo, entra en el alcance del concepto de terrorismo conforme a la nueva redacción del "pacto antiyihadista". Si un activista animalista comete un delito de daños al liberar unos animales criados en horribles condiciones en una granja productora de pieles, lo hace con idéntico fin. Por lo tanto, realiza un acto terrorista de acuerdo con la nueva tipificación. Si un sujeto se introduce en los sistemas informáticos del FMI y los bloquea con la intención de desestabilizar el funcionamiento de esa organización internacional, o posee un programa diseñado para ello, igualmente realiza un delito terrorista conforme a la nueva regulación. Todos terroristas.

Queda claro que con esta regulación es posible construir una dictadura.

---

[272] Cfr. <http://www.eldiario.es/zonacritica/Pacto-antiterrorista-pendiente-deslizante-barranco_6_35562-4462.html>; <http://www.penalecontemporaneo.it/tipologia/0-/-/-/3657-una_riforma_irresponsabi-le__un_attacco_alla_costituzione/>.

Conclusão

Na linha de Cancio Meliá, é inegável a gravidade do fenômeno terrorista, principalmente nos seus formatos contemporâneos, e o Direito Penal, como instrumento de *ultima ratio* de tutela deve incidir em tais casos.

Resta claro que tal tipo de criminalidade não é uma "criminalidade normal", de um contexto de "normalidade", conforme o legislador espanhol tenta demonstrar ao colocá-la no âmbito do próprio Código Penal:

> "No sólo porque sean extraordinariamente peligrosas, sino porque el significado político de su actividad – que no de las intenciones o actitudes personales de sus integrantes – es especialmente intolerable en un ordenamiento que se define en un sentido fuerte, cómo legítimo".[273]

Assim, não sendo crimes comuns, possuem especiais características, basicamente, a motivação política, de modo ilegítimo, num sistema legítimo político de liberdades. O que não se encaixar deste modo poderá configurar o *"excedente de punición"*, revelando a presença de rastilhos de um Direito Penal de Inimigo, levando a penas incrementadas se comparadas aos correspondentes delitos comuns. Também a intimidação massiva (terrorismo instrumental), que incrementa o injusto pela despersonalização que impõe às vítimas, além da existência de uma organização que confere especial perigosidade às condutas, são elementos que diferenciam tais tipos de uma delinquência comum ou dita normal.[274]

No entanto, há que se tipificar adequadamente cada conduta, nos moldes dogmáticos exigidos pela moderna ciência penal, sob a inarredável cobertura do sistema constitucional-penal vigente e não excluído deste. Mais do que isto seria, como já dito, alimentar o pró-

---

[273] CANCIO MELIÁ, Manuel. *Los delitos de terrorismo:* estructura típica e injusto. Madrid: Reus, 2010. p. 196.

[274] Idem. p. 196-197.

prio terrorismo com seus insumos, formulando-se hipóteses vaporosas sem qualquer alcance,[275] o que se chama, na Espanha, de *"pseudo extensión de la noción de terrorismo"*.[276] Tipos criados sem critérios definidos, hipóteses de mero adiantamento punitivo em delitos comuns com finalidades terroristas, bens jurídicos confusos e uma legislação penal de efeito meramente simbólico somente pode se propor ao atendimento de uma sensação de insegurança que se satisfaz com medidas populistas e paliativas, incrementados pela ilusão midiática que mais persegue uma aparência de eficácia, como refere Laura Pozuelo Pérez, especialmente diante das vítimas quando atingidas em delitos violentos, imagem bastante explorada neste intuito de, eternamente, mudar-se a lei penal para resolver os problemas sociais.[277] Tanto nos casos de crimes comuns em nome de hipóteses supostamente terroristas (crimes comuns instrumentais que acabam tendo patamares de pena equiparados a delitos propriamente terroristas), ou mesmo nos casos de adiantamento punitivo em hipóteses propriamente terroristas, demonstrarão a existência de uma tipificação categorizadora, ou dito de outra forma, *"protuberáncias incoherentes com el conjunto de la regulación"*, em autêntica demonstração de um Direito Penal de Inimigo.[278]

Apesar de o tema das associações criminosas não ser novo para o Direito Penal, é comumente acusado de ser o "carro-chefe" da atual fase de expansionismo penal em tempos de revitalização dos delitos de organização, graças ao terrorismo, principalmente. Entretanto, como demonstrado, não se está a falar de qualquer organização criminosa, mas sim de organizações com uma motivação qualificada. E antes que se olvide, o conceito de culpabilidade se dá, antes de tudo, a partir de uma teoria sistêmica, não podendo ser dissociado da ideia de controle social e de prevenção geral. Aliás, no plano do significado,[279] Günther Jakobs diz que a missão da pena não alcança evitar lesões a bens jurídicos, mas confirmar a vigência da norma, ou seja, o asseguramento das expectativas normativas essenciais frente a defraudações. Embora

---

[275] CANCIO MELIÁ, Manuel. Sentido y límites de los delitos de terrorismo. In: CANCIO MELIÁ, Manuel. *Estudios de Derecho Penal*. Lima: Palestra, 2010. p. 361-392, p. 367.

[276] CANCIO MELIÁ, Manuel. *Los delitos de terrorismo*: estructura típica e injusto. Madrid: Reus, 2010. p. 198.

[277] POZUELO PÉREZ, Laura. *La política criminal mediática*: génesis, desarrollo y costes. Madrid: Marcial Pons, 2013. p. 86 e ss.

[278] CANCIO MELIÁ, Manuel. *Los delitos de terrorismo*: estructura típica e injusto. Madrid: Reus, 2010. p. 198.

[279] PEÑARANDA RAMOS, Enrique; SUÁREZ GONZÁLEZ, Carlos; CANCIO MELIÁ, Manuel. *Um novo sistema do Direito Penal:* considerações sobre a teoria da imputação objetiva de Günther Jakobs. Porto Alegre: Livraria do Advogado, 2013. p. 22 e ss.

seja um conceito passível de críticas (autoritarismo, conservadorismo) pretende assegurar, por meio da aplicação do Direito Penal e da pena, aquilo que o terrorista mais deseja aniquilar: o próprio ordenamento jurídico, constitucional e político.

Apesar destes conceitos alcançarem um resultado bastante questionável e tormentoso (o Direito Penal do Inimigo), há que se inferir, ao menos por ora, a necessidade de se trabalhar e aperfeiçoar a dogmática penal e processual penal, bem como os instrumentos de efetivação desta dogmática, de forma legítima, fazendo frente a uma política criminal ilimitada, como forma de resguardo da ordem jurídica, constitucional e política do Estado. Nesse sentido, deve-se evitar, inclusive ao indivíduo terrorista, o desprezo a tais limites, destacando-se que o maior perigo de uma legislação antiterrorista (ilimitada) é a crença que ela será aplicada apenas e exclusivamente a terroristas[280] e que, portanto, o Direito Penal do cidadão possa conviver com o Direito Penal do Inimigo, neste ou em qualquer outro ramo do ordenamento. Daí que os custos de tal contaminação seriam irreversíveis. Um Direito Penal antiterrorista ilimitado acabaria por entregar ao terrorismo aquilo que ele mais pretende: o próprio Estado de Direito.[281] Sem isto, regressaríamos a um Direito Penal da Dor, mais física do que simbólica, algo inadmissível nos dias de hoje.

De qualquer forma, deve-se ter clara a incapacidade de combate ao terrorismo por meio de uma atuação solitária do Direito Penal, incapaz, sozinho, de controle desse tipo de criminalidade. Ademais, mesmo que defendida sua atuação, o respeito a limites inerentes ao Estado de Direito se apresenta necessário como contenção a doutrinas de desmedida punição e relativização de direitos e garantias, como é o Direito Penal do Inimigo.

Analisando a aplicação do Direito Penal do Inimigo aos atos de terrorismo, Francisco Muñoz Conde se questiona, como forma de crítica à normalização da exceção e o risco de que isso alimente novas práticas excepcionais no Direito Penal:

> "¿Qué pasaría si después de convertirse este Derecho penal del enemigo en realidad habitual y corriente en nuestras democracias, siguen cometiéndose o incluso se incrementan las acciones terroristas y las respuestas también terroristas del Estado a las

---

[280] BUSTOS RAMÍREZ. In: LOSANO/MUÑOZ CONDE. *El Derecho Penal ante la globalización y el terrorismo*. "cedant arma togae", 2004. p. 406 e seguintes.

[281] CANCIO MELIÁ, Manuel. Terrorismo y Derecho Penal: sueño de la prevención, pesadilla del Estado de Derecho. In: CANCIO MELIÁ, Manuel; POZUELO PÉREZ, Laura (Coords.). *Política criminal en vanguardia*: Inmigración clandestina, Terrorismo, Criminalidad Organizada. Navarra: Thomson-Civitas, 2008. p. 307-324. p. 324.

mismas? ¿Se reintroducirá la tortura como medio de investigación?; ¿se abrirán campos de concentración para los enemigos? ¿se admitirá la detención policial, sin intervención judicial? ¿se generalizará la aplicación de la pena de muerte y se encargarán de ello Tribunales militares de excepción?"[282]

O questionamento de Francisco Muñoz Conde reflete um caminho possível decorrente da introdução do Direito Penal excepcional do Inimigo no Estado de Direito, com a regularização da exceção e a introdução posterior de medidas ainda mais rigorosas.

Concebendo-se os princípios básicos inerentes ao Estado de Direito e a sua irrenunciabilidade, tem-se que, em matéria penal, esse modelo de Estado não concebe a possibilidade de instituição da distinção de tratamento "amigo/inimigo" proposta por Günther Jakobs, distinção marcada por uma razão de Estado, apenas se admitindo o tratamento "inocente/culpado". Exceções às regras no Estado de Direito devem ser concebidas, nesse caso, como antijurídicas.[283]

Portanto, delimitadas as balizas do Estado de Direito, com as limitações ao exercício do poder punitivo estatal e a obrigatoriedade de preservação dos direitos fundamentais, o Estado de Exceção, representado pelo Direito Penal do Inimigo, deve ser tomado como incompatível em quaisquer circunstâncias com o modelo de Estado de Direito, mesmo que sob o pretexto de seu resguardo, no combate ao terrorismo.

---

[282] MUÑOZ CONDE, Francisco. La generalización del derecho penal de excepción: tendencias legislativas y doctrinales: entre la tolerancia cero y el derecho penal del enemigo. *Revista Ciencia Jurídica*. Chile, n. 1, ano 1, 2011. p. 139.

[283] FERRAJOLI, Luigi. *Direito e razão*: teoria do garantismo penal. Tradução de Ana Paula Zomer Sica, Fauzi Hassan Choukr, Juarez Tavares e Luiz Flávio Gomes. 3. ed. São Paulo: Revista dos Tribunais, 2010. p. 767.

Referências bibliográficas

AGAMBEN, Giorgio. *Estado de exceção*. Tradução de Iraci D. Poleti. 2. ed. São Paulo: Boitempo, 2004.

AGUILAR, Luis Miguel. *Fábulas de Ovidio*. México, Cal y Arena, 2001.

ARISTÓTELES. *Retórica*. Tradução de Edson Bini. São Paulo: Edipro, 2011. p. 137.

ASÚA BATARRITA, Adela. Concepto jurídico de terrorismo y elementos subjetivos de finalidad. Fines políticos últimos y fines de terror instrumental. In: ECHANO BASALDÚA, Juan Ignacio (coord.). *Estudios jurídicos en Memoria de José María Lidón*. Espanha: Universidad de Deusto, 2002. pp. 41-86.

AVILÉS, Juan. Los *orígens del terrorismo europeo: narodniki y anarquistas. In:* JÓRDAN, Javier (Coord.). Los orígens del terror: indagando en las causas del terrorismo. Madrid: Editorial Biblioteca Nueva, 2004.

BACIGALUPO, Enrique. *Derecho penal*. Parte general. 2. ed. Buenos Aires: Editorial Hammurabi, 1999.

BAUMAN, Zygmunt. *Medo líquido*. Tradução de Carlos Alberto Medeiros. Rio de Janeiro: Zahar, 2008.

BECERRA RAMÍREZ, Manuel. El 11 de septiembre y el derecho internacional. In: VALDÉS UGALDE, José Luis; VALADÉS, Diego (Org.). *Globalidad y conflicto*: Estados Unidos y la crisis de septiembre. México: Instituto de Investigaciones Jurídicas, 2002.

BECK, Ulrich. *Sobre el terrorismo y la guerra*. Barcelona: Paidós, 2003.

BLANCO ABARCA, Amalio. La condición de enemigo; el ocaso de la inocencia. In: CANCIO MELIÁ, Manuel; POZUELO PÉREZ, Laura (Coords.). *Política criminal en vanguardia*: Inmigración clandestina, Terrorismo, Criminalidad Organizada. Navarra: Thomson-Civitas, 2008, p. 257-306.

BOBBIO, Norberto. *A era dos direitos*. Rio de Janeiro: Elsevier, 2004.

BRASIL. Projeto de Lei da Câmara nº 101/2015. Brasília, DF: Senado Federal. Disponível em: <http://www.senado.leg.br/atividade/rotinas/materia/getPDF.asp?t=174207&tp=1>. Acesso em: 13.out.2015

——. Projeto de Lei do Senado nº 236/2012. Brasília, DF: Senado Federal. Disponível em: <http://www.senado.leg.br/atividade/rotinas/materia/getTexto.asp?t=158984&c=PDF&tp=1>. Acesso em: 13.out.2015.

BRAVO SANESTANISLAO, Gabriela. Presentación. In: JUANATEY DORADO, Carmen (Dir.). *El nuevo panorama del terrorismo en España*: perspectiva penal, penitenciaria y social. Alicante: Pubicaciones Universidad de Alicante, 2013. cap. 1.

BUSTOS RAMÍREZ, Juan. In: LOSANO/MUÑOZ CONDE. *El Derecho Penal ante la globalización y el terrorismo*. "cedant arma togae", 2004.

CALVEIRO, Pilar. Estado, Estado de excepción y violencia. *Revista de Ciencias Sociales*. Montevidéu, n. 24, ano XXI, p. 95-100, 2008.

CAMACHO VIZCAÍNO, Antonio. Conferencia inaugural. In: JUANATEY DORADO, Carmen (Dir.). *El nuevo panorama del terrorismo en España*: perspectiva penal, penitenciaria y social. Alicante: Pubicaciones Universidad de Alicante, 2013. cap. 2.

CANCIO MELIÁ, Manuel. "Derecho penal del enemigo" y delitos de terrorismo. Algunas consideraciones sobre la regulación de las infracciones en materia de terrorismo en el Código penal español después de la LO 7/2000. In: *JpD*. 44, 2002.

——. Algunas reflexiones preliminares sobre los delitos de terrorismo: eficacia y contaminación. In DIAZ-MAROTO Y VILLAREJO, Julio. *Derecho y justicia penal en siglo XXI*: *liber amicorum* en homenaje al profesor Antonio González-Cuéllar García. Madrid: Editorial Colex, 2006. cap. 3.

——. Delitos de organización: criminalidad organizada común y delitos de terrorismo. In: DÍAZ-MAROTO Y VILLAREJO, Julio (dir.). *Estudios sobre las reformas del Código penal operadas por las LO 5/2010, de 22 de junio, y 3/2011, de 28 de enero*. Espanha: Civitas, 2011.

——. Delitos de terrorismo. In: MOLINA FERNÁNDEZ, Fernando (coord.) *Memento Penal*. 2. ed. 2014.

——. Derecho Penal del enemigo y delitos de terrorismo. Algunas consideraciones sobre la regulación de las infracciones en materia de terrorismo en el Código Penal Español después de la LO 7/2000. *Jueces para la Democracia*, n. 44, julho, 2002.

——. El delito de pertenencia a una organización terrorista en el Código penal español. In: LUZÓN PEÑA, Diego Manuel (ed.). *Derecho penal del Estado social y democrático de Derecho*. Libro Homenaje a Santiago Mir Puig por su investidura como Doctor honoris causa en la Universidad de Alcalá. Espanha: Editorial La Ley, 2010.

——. Internacionalización del Derecho Penal y de la Política Criminal. In: CANCIO MELIÁ, Manuel. *Estudios de Derecho Penal*. Lima: Palestra, 2010, pp. 487-508.

——. *Los delitos de terrorismo*: estructura típica e injusto. Madrid: Editora Reus, 2010.

——. Sentido y límites de los delitos de terrorismo. In: CANCIO MELIÁ, Manuel. *Estudios de Derecho Penal*. Lima: Palestra, 2010, pp. 361-392.

——. Terrorismo y Derecho Penal: sueño de la prevención, pesadilla del Estado de Derecho. In: CANCIO MELIÁ, Manuel; POZUELO PÉREZ, Laura (Coords.). *Política criminal en vanguardia*: Inmigración clandestina, Terrorismo, Criminalidad Organizada. Navarra: Thomson-Civitas, 2008, pp. 307-324.

——. The Reform of Spain's Antiterrorist Criminal Law and the 2008 Framework Decision. In: GALLI, Francesca; WEYENBERGH, Anne (ed.). *EU counter-terrorism offences*: what impact on national legislation and case-law?, França: l'Université de Bruxelles, 2012.

CANO PAÑOS, Miguel Ángel. Los delitos de terrorismo en el Código Penal español después de la reforma de 2010. In: *La ley penal*: revista de derecho penal, procesal y penitenciario, Espanha, n. 86, 2011.

CAPITA REMEZAL, Mario. *Análisis de la legislación penal antiterrorista*. Madrid: Editorial Colex, 2008.

CHEVALLIER, Jacques. *O Estado Pós-Moderno*. *L'État post-moderne*. Belo Horizonte: Fórum, 2009.

COSTA, Jurandir Freire. *A ética e o espelho da cultura*. Rio de Janeiro: Rocco, 1994.

DE LA CORTE IBAÑEZ, Luis; DE MIGUEL, Jesús. Aproximación psicosocial al análisis de los movimientos terroristas. In: CANCIO MELIÁ, Manuel; POZUELO PÉREZ, Laura (Coords.). *Política criminal en vanguardia*: Inmigración clandestina, Terrorismo, Criminalidad Organizada. Navarra: Thomson-Civitas, 2008, pp. 325-373.

DE SOLA DUEÑAS, Ángel, Delitos de terrorismo y tenencia de explosivos (sección segunda del capítulo VIII del título XVIII del libro II de la Propuesta de Anteproyecto de nuevo Código penal de 1983. In: *Documentación Jurídica 37/40*, Monográfico dedicado a la PANCP. v. 2, 1983.

DELMAS-MARTY, Mirelle. *Os grandes sistemas de política criminal*. Tradução de Denise Radanovic Vieira. São Paulo: Manole, 2004.

DÍEZ RIPOLLÉS, José Luis. *La política criminal en la encrucijada*. Buenos Aires: B de F, 2007.

——. *Política criminal y derecho penal*: estudios. 2. ed. Valencia: Tirant lo Blanch, 2013.

DONINI, Massimo. El Derecho Penal frente a los desafíos de la modernidad. Perú: ARA Editores, 2010.

FARALDO CABANA, Patricia. Un derecho penal de enemigos para los integrantes de organizaciones criminales. La Ley Orgánica 7/2003, de 30 de junio, de medidas de reforma para el cumplimiento íntegro y efectivo de las penas. In: BRANDARIZ GARCÍA, José Ángel; FARALDO CABANA, Patricia; PUENTE ABA, Luz María (coord.). *Nuevos retos del Derecho Penal en la era de la globalización*. Espanha: Tirant lo Blanch, 2004.

FEIJOO SANCHEZ, Bernardo. *La legitimidad de la pena estatal*: un breve recorrido por las teorías de la pena. Madrid: Iustel, 2014.

FERRAJOLI, Luigi. *Direito e razão*: teoria do garantismo penal. Tradução de Ana Paula Zomer Sica, Fauzi Hassan Choukr, Juarez Tavares e Luiz Flávio Gomes. 3. ed. São Paulo: Revista dos Tribunais, 2010.

——. *Principia iuris*: teoria del diritto e della democrazia. 2. Teoria della democrazia. Itália, Bari: Ediroti Laterza, 2007, v. 2.

FERREIRA, Aurélio Buarque de Holanda. Aurélio: o dicionário da língua portuguesa. Coordenação Marina Baird Ferreira e Margarida dos Anjos. Curitiba: Ed. Positivo, 2008.

FRANK, Anne. *El diario de Anne Frank*. Barcelona: Plaza y Janés. 1993.

FREUD, Sigmund. (1996). *O Futuro de uma ilusão*. Em J. Salomão (Dir. e Trad.), Obras psicológicas completas de Sigmund Freud: edição standard brasileira. (Vol.XXI, pp.15-63). Rio de Janeiro: Imago. (Obra original publicada em 1927).

——. (1996). *O Mal Estar na Civilização*. Em J. Salomão (Dir. e Trad.), Obras psicológicas completas de Sigmund Freud: edição standard brasileira. (Vol.XXI, pp.67-153). Rio de Janeiro: Imago. (Obra original publicada em 1930).

——. (1996). *Por que a guerra?* Em J. Salomão (Dir. e Trad.), Obras psicológicas completas de Sigmund Freud: edição standard brasileira. (Vol. XXII, pp. 197-208). Rio de Janeiro: Imago. (Obra original publicada em 1932).

GARCÍA ALBERO, Ramón. La reforma de los delitos de terrorismo, arts. 572, 573, 574, 575, 576, 576 bis, 577, 578, 579 CP. In: QUINTERO OLIVARES, Gonzalo (dir.). *La reforma penal de 2010*: análisis y comentarios. Espanha: Editorial Aranzadi, 2010.

GARCÍA RIVAS, Nicolás. *La tipificación "europea" del delito terrorista en la decisión marco de 2002: análisis y perspectiva*. Espanha: RGDP 4, 2005. Disponível em: <http://www.asser.nl/upload/eurowarrant-webroot/documents/cms_eaw_id704_1_Nicolas%20Garcia.pdf>. Acesso em: 13.out.2015.

GARCÍA SAN PEDRO, José.*Terrorismo*: aspectos criminológicos y legales. Madrid : Centro de Estudios Judiciales, 1993.

GÓMEZ-JARA DÍEZ, Carlos. La retribución comunicativa como teoría constructivista de la pena: ¿El dolor penal como constructo comunicativo? *InDret*, abril, 2008.

GRANDI, Ciro. Cultura y culpabilidad frente a las neurociencias. In: DEMETRIO CRESPO, Eduardo (diretor); MAROTO CALATAYUD, Manuel. *Neurociencias y Derecho Penal*: Nuevas perspectivas em el âmbito de La culpabilidad y tratamiento jurídico-penal de La peligrosidad. Madrid: Edisofer, 2013, pp. 299-325.

GRUPO DE ESTUDIOS de Política Criminal. *Una alternativa a la actual política criminal sobre terrorismo*. Málaga: Grupo de Estudios de Política Criminal, 2008. v. 9.

GUÉREZ TRICARICO, Pablo. Informe de la discusión de la sesión 3. In: CANCIO MELIÁ, Manuel; POZUELO PÉREZ, Laura (Coords.). *Política criminal en vanguardia*: Inmigración clandestina, Terrorismo, Criminalidad Organizada. Navarra: Thomson-Civitas, 2008, p. 375-382.

HASSEMER, Winfried. Derecho Penal simbólico y protección de bienes jurídicos. In: BUSTOS RAMIREZ, Juan (dir.). *Pena y Estado*. Santiago: Editorial Jurídica ConoSur, 1995.

──. *Direito penal*: fundamentos, estrutura, política. Organização e revisão de Carlos Eduardo de Oliveira. Tradução de Adriana Beckman Meirelles *et al.* Porto Alegre: Sergio Antonio Fabris, 2008.

HUSAK, Douglas. Sobrecriminilización: los límites del Derecho penal. Madrid: Marcial Pons, 2013.

JAKOBS, Günther. *Derecho Penal*. Parte General: fundamentos y teoría de la imputación. Madrid: Marcial Pons, 1997.

JÓRDAN, Javier; BOIX, Luisa. *La justificación ideológica del terrorismo islamita: el caso de Al Qaida.* In: JÓRDAN, Javier (Coord.). Los orígens del terror: indagando en las causas del terrorismo. Madrid: Editorial Biblioteca Nueva, 2004.

LAMARCA PÉREZ, Carmen. Noción de terrorismo y clases. Evolución legislativa y político-criminal. In: JUANATEY DORADO, Carmen (Dir.). *El nuevo panorama del terrorismo en España*: perspectiva penal, penitenciaria y social. Alicante: Pubicaciones Universidad de Alicante, 2013. cap. 3.

──. *Tratamiento jurídico del terrorismo*. Madrid: Ministerio de Justicia, Centro de Publicaciones, 1985.

LAQUEUR, Walter. Postmodern terrorism. *Foreign Affairs*. n. 5, v. 75, set./out., p. 24-36, 1996.

──. The New Terrorism: Fanaticism and the Arms of Mass Destruction. NEW YORK: OXFORD UNIVERSITY PRESS, 1999.

LLOBET ANGLÍ, Mariona. Delitos de terrorismo. In: ORTIZ DE URBINA GIMENO, I. (coord.). *Memento Experto*. Reforma Penal 2010. Madrid: Francis Lefebvre, 2010.

──. *Derecho penal del terrorismo*: límites de su punición en un Estado democrático. Madrid: La Ley, 2010.

MIR PUIG, Santiago. *Derecho penal*: parte general. 7. ed. Barcelona: Editorial Reppertor, 2005.

MUÑOZ CONDE, Francisco. *Derecho penal*. Parte Especial. 18ª ed. Espanha: Tirant Lo Blanch, 2010.

──. El nuevo Derecho Penal autoritario. In: LOSANO, Mario; MUÑOZ CONDE, Francisco. *El Derecho ante la Globalización y el Terrorismo*. "Cedant Arma Togae". Actas del Coloquio Internacional Humboldt, Montevideo, abril 2003, Valencia: Tirant lo Blanch, 2004, disponível em: https://www.unifr.ch/ddp1/derechopenal/articulos/a_20090316_01.pdf, acesso em 12 set 2015.

──. La generalización del derecho penal de excepción: tendencias legislativas y doctrinales: entre la tolerancia cero y el derecho penal del enemigo. *Revista Ciencia Jurídica*. Chile, n. 1, ano 1, 2011.

NUNES FERNANDES, Ignácio. *El paradigma del terrorismo entre derecho interno e internacional*: los delitos de terrorismo entre derecho interno y derecho internacional en los arbores del siglo XXI. Pelotas: Editorial Académica Española, 2012.

OLLOQUI, Jose Juan de. *Introducción: reflexiones en torno al terrorismo*. In: OLLOQUI, José Juan de (Coord.). Problemas jurídicos e políticos del terrorismo. México: Universidad Nacional Autónoma de México, 2003.

PEÑARANDA RAMOS, Enrique; SUÁREZ GONZÁLEZ, Carlos; CANCIO MELIÁ, Manuel. *Um novo sistema do Direito Penal*: considerações sobre a teoria da imputação objetiva de Günther Jakobs. Porto Alegre: Livraria do Advogado, 2013.

PÉREZ CEPEDA, Ana Isabel. La seguridad como fundamento de la deriva del Derecho penal postmoderno. Madrid: Editora Iustel, 2007.

POZUELO PÉREZ, Laura. *La política criminal mediática*: génesis, desarrollo y costes. Madrid: Marcial Pons, 2013.

RAMON CHORNET, Consuelo. Terrorismo y respuesta de fuerza en el marco del Derecho internacional. Valencia: ed. Tirant lo Blanch, 1993.

RAMOS, João Gualberto Garcez. *A inconstitucionalidade do "Direito Penal do Terror"*. Curitiba: Juruá, 1991.

REDONDO ILLESCAS, Santiago; GARRIDO GENOVÉS, Vicente. *Princípios de Criminología*. Valencia: Tirant lo Blanch, p. 828-858.

REGHELIN, Elisangela Melo. Entre terroristas e inimigos... In: *Revista Brasileira de Ciências Criminais*, n. 66, mai-jun 2007, p. 271-314.

REINARES, Fernando. Los atentados contra EE UU t el terrorismo internacional. *Claves de Razón Práctica*, Madrid, n. 116, out.2001.

REVILLA MONTOYA, Pablo César. *El terrorismo global*. Inicio, desafios y médios político-jurídicos de enfrentamiento. Anuario Mexicano de Derecho Internacional. México, v. 5, 2005.

ROLDÁN BARBERO, Horacio. *Los GRAPO*. Un estudio criminológico. Espanha: Editorial Comares, 2008.

ROXIN, Claus. Derecho Penal. Parte General. Tomo I. Fundamentos. La Estructura de la Teoría Del Delito. Traducción y notas Diego-Manuel Luzón Pena, Miguel Diaz y Garcia Conlledo e Javier de Vicente Remesal. Madrid: Civitas, 1997.

SILVA SÁNCHEZ, Jesús María. ¿"Pertenencia" o "intervención"? Del delito de "pertenencia a una organización" a la figura de la "participación a través de organización" en el delito. In: OCTAVIO DE TOLEDO Y UBIETO, Emilio; GURDIEL SIERRA, Manuel; CORTÉS BECHIARELLI, Emilio (coord.). *Estudios penales en recuerdo del profesor Ruiz Antón*. Espanha: Tirant lo Blanch, 2004.

——. *A expansão do direito penal*: aspectos da política criminal nas sociedades pós-industriais. Tradução de Luiz Otavio de Oliveira Rocha. São Paulo: Editora Revista dos Tribunais, 2002.

——. *Aproximación al derecho penal contemporáneo*. Barcelona: Jose Maria Bosch Editor, 1992.

——. *La expansión del Derecho Penal*: aspectos de la política criminal en las sociedades postindustriales. Buenos Aires: IBdeF, 2008.

STRECK, Lenio. *Hermenêutica Jurídica e(m) crise:* uma exploração hermenêutica da construção do Direito. Porto Alegre: Livraria do Advogado, 2014.

VAN BROECK, Jeroen. Cultural Defense and Culturally Motivated Crimes (Cultural Offenses). *European Journal of Crime, Criminal Law and Criminal Justice*, vol. 9/1, pp.1-32, 2001.

VIGANÒ, Francesco. Terrorismo, guerra e sistema penale. *Rivista Italiana di Diritto e Procedura Penale*, Milão, v. 49, abr./jun.2006.

VILLEGAS DÍAZ, Myrna. *Elementos para un concepto jurídico de terrorismo*. Santiago, Chile, 29 maio 2011. Disponível em: <http://www.plumaypincel.cl/index.php?option=com_content&view=article&id=391:elementos-para-un-concepto-juridico-de-terrorismo-myrna-villegas>. Acesso em: 15 fev. 2014. Texto postado no site Pluma y Pincel portal cultural.

VIVES ANTÓN, Tomás S.; CARBONELL MATEU, Juan Carlos. Organizaciones y grupos criminales. In: VIVES ANTÓN, Tomás S. et al. *Derecho penal. Parte Especial*. 3ª ed. Valencia: Tirant Lo Blanch, 2010.

WAINBERG, Jacques A. *Mídia e terror*: comunicação e violência política. São Paulo: Paulus, 2005.

ZAFFARONI, Eugenio Raúl. *O inimigo no direito penal*. 3. ed. Trad. De Sérgio Lamarão. Rio de Janeiro: Revan, 2011.

——. *Sistemas penales y derechos humanos en America Latina*: documento final del programa de investigación (informe final). Ediciones Depalma, Buenos Aires, 1986.

——. *Tratado de Derecho Penal*. Parte General. Buenos Aires: Ediar, 1988. v. 5.

ZARAGOZA AGUADO, Javier. Delitos de Terrorismo: aspectos sustantivos y procesales. In: JUANATEY DORADO, Carmen (Dir.). *El nuevo panorama del terrorismo en España*: perspectiva penal, penitenciaria y social. Alicante: Pubicaciones Universidad de Alicante, 2013. cap. 4.

Anexo

Lei nº 13.260, de 16 de março de 2016

Regulamenta o disposto no inciso XLIII do art. 5ºda Constituição Federal, disciplinando o terrorismo, tratando de disposições investigatórias e processuais e reformulando o conceito de organização terrorista; e altera as Leis n°s 7.960, de 21 de dezembro de 1989, e 12.850, de 2 de agosto de 2013.

A PRESIDENTA DA REPÚBLICA Faço saber que o Congresso Nacional decreta e eu sanciono a seguinte Lei:

Art. 1º Esta Lei regulamenta o disposto no inciso XLIII do art. 5º da Constituição Federal, disciplinando o terrorismo, tratando de disposições investigatórias e processuais e reformulando o conceito de organização terrorista.

Art. 2º O terrorismo consiste na prática por um ou mais indivíduos dos atos previstos neste artigo, por razões de xenofobia, discriminação ou preconceito de raça, cor, etnia e religião, quando cometidos com a finalidade de provocar terror social ou generalizado, expondo a perigo pessoa, patrimônio, a paz pública ou a incolumidade pública.

§ 1º São atos de terrorismo:

I – usar ou ameaçar usar, transportar, guardar, portar ou trazer consigo explosivos, gases tóxicos, venenos, conteúdos biológicos, químicos, nucleares ou outros meios capazes de causar danos ou promover destruição em massa;

II – (VETADO);

III – (VETADO);

IV – sabotar o funcionamento ou apoderar-se, com violência, grave ameaça a pessoa ou servindo-se de mecanismos cibernéticos, do controle total ou parcial, ainda que de modo temporário, de meio de comunicação ou de transporte, de portos, aeroportos, estações ferroviárias ou rodoviárias, hospitais, casas de saúde, escolas, estádios esportivos, instalações públicas ou locais onde funcionem serviços públicos essenciais, instalações de geração ou transmissão de energia, instalações militares, instalações de exploração, refino e processamento de petróleo e gás e instituições bancárias e sua rede de atendimento;

V – atentar contra a vida ou a integridade física de pessoa:

Pena – reclusão, de doze a trinta anos, além das sanções correspondentes à ameaça ou à violência.

§ 2º O disposto neste artigo não se aplica à conduta individual ou coletiva de pessoas em manifestações políticas, movimentos sociais, sindicais, religiosos, de classe ou de categoria profissional, direcionados por propósitos sociais ou reivindicatórios, visando a contestar, criticar, protestar ou apoiar, com o objetivo de defender direitos, garantias e liberdades constitucionais, sem prejuízo da tipificação penal contida em lei.

Art. 3º Promover, constituir, integrar ou prestar auxílio, pessoalmente ou por interposta pessoa, a organização terrorista:

Pena – reclusão, de cinco a oito anos, e multa.

§ 1º (VETADO).

§ 2º (VETADO).

Art. 4º (VETADO).

Art. 5º Realizar atos preparatórios de terrorismo com o propósito inequívoco de consumar tal delito:

Pena – a correspondente ao delito consumado, diminuída de um quarto até a metade.

§ Iº Incorre nas mesmas penas o agente que, com o propósito de praticar atos de terrorismo:

I – recrutar, organizar, transportar ou municiar indivíduos que viajem para país distinto daquele de sua residência ou nacionalidade; ou

II – fornecer ou receber treinamento em país distinto daquele de sua residência ou nacionalidade.

§ 2º Nas hipóteses do § 1º, quando a conduta não envolver treinamento ou viagem para país distinto daquele de sua residência ou nacionalidade, a pena será a correspondente ao delito consumado, diminuída de metade a dois terços.

Art. 6º Receber, prover, oferecer, obter, guardar, manter em depósito, solicitar, investir, de qualquer modo, direta ou indiretamente, recursos, ativos, bens, direitos, valores ou serviços de qualquer natureza, para o planejamento, a preparação ou a execução dos crimes previstos nesta Lei:

Pena – reclusão, de quinze a trinta anos.

Parágrafo único. Incorre na mesma pena quem oferecer ou receber, obtiver, guardar, mantiver em depósito, solicitar, investir ou de qualquer modo contribuir para a obtenção de ativo, bem ou recurso financeiro, com a finalidade de financiar, total ou parcialmente, pessoa, grupo de pessoas, associação, entidade, organização criminosa que tenha como atividade principal ou secundária, mesmo em caráter eventual, a prática dos crimes previstos nesta Lei.

Art. 7º Salvo quando for elementar da prática de qualquer crime previsto nesta Lei, se de algum deles resultar lesão corporal grave, aumenta-se a pena de um terço, se resultar morte, aumenta-se a pena da metade.

Art. 8º (VETADO).

Art. 9º (VETADO).

Art. 10. Mesmo antes de iniciada a execução do crime de terrorismo, na hipótese do art. 5ºdesta Lei, aplicam-se as disposições do art. 15 do Decreto-Lei nº 2.848, de 7 de dezembro de 1940 – Código Penal.

Art. 11. Para todos os efeitos legais, considera-se que os crimes previstos nesta Lei são praticados contra o interesse da União, cabendo à Polícia Federal a investigação criminal, em sede de inquérito policial, e à Justiça Federal o seu processamento e julgamento, nos termos do inciso IV do art. 109 da Constituição Federal.

Parágrafo único. (VETADO).

Art. 12. O juiz, de ofício, a requerimento do Ministério Público ou mediante representação do delegado de polícia, ouvido o Ministério Público em vinte e quatro horas, havendo indícios suficientes de crime previsto nesta Lei, poderá decretar, no curso da investigação ou da ação penal, medidas assecuratórias de bens, direitos ou valores do investigado ou acusado, ou existentes em nome de interpostas pessoas, que sejam instrumento, produto ou proveito dos crimes previstos nesta Lei.

§ 1º Proceder-se-á à alienação antecipada para preservação do valor dos bens sempre que estiverem sujeitos a qualquer grau de deterioração ou depreciação, ou quando houver dificuldade para sua manutenção.

§ 2º O juiz determinará a liberação, total ou parcial, dos bens, direitos e valores quando comprovada a licitude de sua origem e destinação, mantendo-se a constrição dos bens, direitos e valores necessários e suficientes à reparação dos danos e ao pagamento de prestações pecuniárias, multas e custas decorrentes da infração penal.

§ 3º Nenhum pedido de liberação será conhecido sem o comparecimento pessoal do acusado ou de interposta pessoa a que se refere o caput deste artigo, podendo o juiz determinar a prática de atos necessários à conservação de bens, direitos ou valores, sem prejuízo do disposto no § 1º.

§ 4º Poderão ser decretadas medidas assecuratórias sobre bens, direitos ou valores para reparação do dano decorrente da infração penal antecedente ou da prevista nesta Lei ou para pagamento de prestação pecuniária, multa e custas.

Art. 13. Quando as circunstâncias o aconselharem, o juiz, ouvido o Ministério Público, nomeará pessoa física ou jurídica qualificada para a administração dos bens, direitos ou valores sujeitos a medidas assecuratórias, mediante termo de compromisso.

Art. 14. A pessoa responsável pela administração dos bens:

I – fará jus a uma remuneração, fixada pelo juiz, que será satisfeita preferencialmente com o produto dos bens objeto da administração;

II – prestará, por determinação judicial, informações periódicas da situação dos bens sob sua administração, bem como explicações e detalhamentos sobre investimentos e reinvestimentos realizados.

Parágrafo único. Os atos relativos à administração dos bens serão levados ao conhecimento do Ministério Público, que requererá o que entender cabível.

Art. 15. O juiz determinará, na hipótese de existência de tratado ou convenção internacional e por solicitação de autoridade estrangeira competente, medidas assecuratórias sobre bens, direitos ou valores oriundos de crimes descritos nesta Lei praticados no estrangeiro.

§ 1º Aplica-se o disposto neste artigo, independentemente de tratado ou convenção internacional, quando houver reciprocidade do governo do país da autoridade solicitante.

§ 2º Na falta de tratado ou convenção, os bens, direitos ou valores sujeitos a medidas assecuratórias por solicitação de autoridade estrangeira competente ou os recursos provenientes da sua alienação serão repartidos entre o Estado requerente e o Brasil, na proporção de metade, ressalvado o direito do lesado ou de terceiro de boa-fé.

Art. 16. Aplicam-se as disposições da Lei nº 12.850, de 2 agosto de 2013, para a investigação, processo e julgamento dos crimes previstos nesta Lei.

Art. 17. Aplicam-se as disposições da Lei nº 8.072, de 25 de julho de 1990, aos crimes previstos nesta Lei.

Art. 18. O inciso III do art. 1º da Lei nº 7.960, de 21 de dezembro de 1989, passa a vigorar acrescido da seguinte alínea *p*:

"Art. Iº ....

....

III – ....

....

p) crimes previstos na Lei de Terrorismo." (NR)

Art. 19. O art. 1º da Lei nº 12.850, de 2 de agosto de 2013, passa a vigorar com a seguinte alteração:

"Art. 1º ....

....

§ 2º ....
....

II – às organizações terroristas, entendidas como aquelas voltadas para a prática dos atos de terrorismo legalmente definidos." (NR)

Art. 20. Esta Lei entra em vigor na data de sua publicação.

Brasília, 16 de março de 2016; 195º da Independência e 128º da República.

DILMA ROUSSEFF
Wellington César Lima e Silva
Nelson Barbosa
Nilma Lino Gomes

Este texto não substitui o publicado no DOU de 17.3.2016 – Edição extra e retificada em 18.3.2016.

Impressão e acabamento
Rotermund
Fone (51) 3589 5111
comercial@rotermund.com.br